高职高专公共基础课规划教材

大学生体育与健康

罗　燕	缪猛剑	主　编
毛浩波	郑红卫	副主编
张　杰	黄　靖	
王晓珑	耿晓珊	参　编
李斌鑫	周　盛	

电子工业出版社
Publishing House of Electronics Industry
北京·BEIJING

内 容 简 介

本书分上、下两篇，上篇为体育理论篇，共五章，主要内容有体育近在咫尺、如何科学锻炼身体、常见运动损伤及处理、身心健康评估、如何建立健康的生活方式。下篇为运动实践篇，共四章，主要内容有大球运动项目、小球运动项目、形体运动项目、民传户外运动。

本书不仅可作为高职高专、本科院校公共体育课程的教学用书，也可作为体育爱好者的参考用书。

未经许可，不得以任何方式复制或抄袭本书之部分或全部内容。
版权所有，侵权必究。

图书在版编目（CIP）数据

大学生体育与健康 / 罗燕，缪猛剑主编. —北京：电子工业出版社，2020.7
ISBN 978-7-121-37811-9

Ⅰ. ①大… Ⅱ. ①罗… ②缪… Ⅲ. ①体育—高等学校—教材 ②健康教育—高等学校—教材
Ⅳ. ①G807.4 ②G647.9

中国版本图书馆 CIP 数据核字（2019）第 248315 号

责任编辑：贺志洪
印　　刷：三河市鑫金马印装有限公司
装　　订：三河市鑫金马印装有限公司
出版发行：电子工业出版社
　　　　　北京市海淀区万寿路 173 信箱　邮编 100036
开　　本：787×1092　1/16　印张：12.5　字数：320 千字
版　　次：2020 年 7 月第 1 版
印　　次：2023 年 6 月第 7 次印刷
定　　价：39.80 元

前　言

　　《国家中长期教育改革和发展规划纲要（2010—2020 年）》指出，"加强体育，牢固树立健康第一的思想，确保学生体育课程和课余活动时间，提高体育教学质量，加强心理健康教育，促进学生身心健康、体魄强健、意志坚强。"同时还提出，"大力开展'阳光体育'运动，保证学生每天锻炼一小时，不断提高学生体质健康水平"。

　　大学生体育与健康教育是高等教育中的重要内容之一，"大学体育"课程是国家规定的必修课程，是高等学校课程体系的重要组成部分，是高等学校体育与健康教育工作的中心工作。一本高质量的《大学生体育与健康》教材，是提高"大学体育"课程教学质量和实施对大学生进行体育与健康教育工作的重要保障。

　　为全面贯彻教育部颁布的《全国普通高等学校体育课程教学指导纲要》精神及教育部、国家体育总局联合下发的《国家学生体质健康标准》，全力推动"亿万学生阳光体育运动"的开展，牢牢把握健康第一、终身体育的指导思想，结合我国高等学校"大学体育"课程教学改革与实践，我们组织了一批具有丰富大学体育与健康教育经验的专家、学者编写了这本教材。

　　本教材分体育理论篇和运动实践篇两篇。体育理论篇共五章，主要内容有体育近在咫尺、如何科学锻炼身体、常见运动损伤及处理、身心健康评估、如何建立健康的生活方式。运动实践篇共四章，主要内容有大球运动项目（包括篮球、排球、足球）、小球运动项目（包括乒乓球、羽毛球、网球）、形体运动项目（包括健美操、器械健身、体育舞蹈、瑜伽）、民传户外运动（包括武术、太极、定向）。

　　这本教材坚持理论联系实际，注重实用性和新颖性，立足趣味性和可读性，突出指导性和科学性，旨在不断提高大学生的体育参与意识、运动技能及体质健康水平，使广大学生养成良好的体育健身习惯和健康的生活行为习惯，达到终身受益的目的。

　　本教材在编写过程中得到许多专家、学者和一线教育工作者的支持和帮助，在此一并表示感谢。由于本人水平所限，再加上编写时间仓促，不妥之处在所难免，希望各位专家、学者，各位同仁及使用本教材的广大师生多提宝贵意见。

编　者

2020 年 5 月

目 录

体育理论篇

运动实践篇

体育理论篇

第一章　体育近在咫尺

体育是人类社会一种特有的文化现象，它的历史源远流长。原始社会时期，体育表现为人类为了生存而与自然界进行的各种斗争；现在，体育已经成为人们锻炼身体、增强体质、娱乐身心的一种手段。体育被赋予了更多的人文主义色彩，其内容也得到了极大的充实。

随着体育事业的发展，作为祖国未来的青少年更应该掌握体育健康知识，养成终身体育锻炼的好习惯。

第一节　什么是体育

一、"体育"的起源

1. "体育"一词的出现

体育虽然有着悠久的历史，但是"体育"一词却出现得较晚。因为在"体育"一词出现前，世界各国对体育这一活动过程的称谓都不相同。

在古希腊，游戏、角力、体操等曾被列为教育项目。在 17～18 世纪中，西方的教育中也加进了打猎、游泳、爬山、赛跑、跳跃等多项活动，只是尚无统一的名称。18 世纪末，被称为"德国体操之父"的约翰·克里斯托夫·弗里德里希·古兹姆斯曾把这些活动分类、综合，统称为"体操"。进入 19 世纪，一方面在德国形成了新的体操体系，并广泛传播于欧美各国；另一方面相继出现了多种新的运动项目。在学校中也逐渐开展了超出原来体操范围的更多的运动项目，建立起"体育是以身体活动为手段的教育"这一新概念。于是，在相当长的一段时间里，"体操"和"体育"两个词并存，相互混用，比较混乱，直到 20 世纪初才逐渐在世界范围内统一称为"体育"。

2. "体育"一词传入中国

中国体育历史悠久，但"体育"却是一个外来词。它最早见于 20 世纪初的清末，当时，我国有大批留学生东渡去日本求学，仅 1901—1906 年间，就有 1.3 万多人。其中，学体育的就有很多。回国后，他们将"体育"一词引进中国。

在中国，"体育"一词最早见于 1904 年，在湖北幼稚园开办章程中提到对幼儿进行全面教育时说："保全身体之健旺，体育发达基地。"在 1905 年的《湖南蒙养院教课说略》上也提到："体育功夫，体操发达其表，乐歌发达其里。"

我国最早创办的体育团体是 1906 年上海的"沪西士商体育会"。1907 年我国著名女革命家秋瑾在绍兴也创办了体育会。同年，清皇朝学部的奏折中也开始有了"体育"这个词。辛亥革命以后，"体育"一词就逐渐运用开来。

3. "体育"一词的演化

"体育"一词在含义上也有一个演化过程。它刚传入我国时，是指身体的教育，是作为教育的一部分出现的，是一种与维持和发展身体的各种活动相关联的一种教育过程，与国际上理解的"体育"（physical education）概念是一致的。随着社会的进步和体育事业的不断发展，其目的和内容都大大超出了原来"体育"的范畴，体育的概念也出现了"广义"与"狭义"解释。当用于广义时，一般是指体育运动，其中包括了体育教育、竞技运动和身体锻炼三个方面；用于狭义时，一般是指体育教育。不少学者对"体育"的概念提出了一些解释，但比较趋于一致的解释为："体育是以身体活动为媒介，以谋求个体身心健康、全面发展为直接目的，并以培养完善的社会公民为终极目标的一种社会文化现象或教育过程。"体育的这一定义既说明了它的本质属性，又指出了它的归属范畴，同时也把自身从与其邻近或相似的社会现象中区别出来。但是，体育的概念并非是一成不变的，随着社会的发展和进步，对体育的认识也将有所发展。

二、体育的种类

依据各种体育实践的基本功能和特征、人们对体育基本类型的认同及体育工作的实际情况等综合因素，可以将体育划分为学校体育、竞技体育、大众体育和体育产业 4 种基本类型。

1. 学校体育

学校体育是指以在校学生为参与主体的体育活动，通过培养学生的体育兴趣、态度、习惯、知识和能力来增强学生的身体素质，培养学生的道德和意志品质，促进学生的身心健康。学校体育是教育的重要组成部分，是计划性、目的性、组织性较强的体育教育活动过程。

2. 竞技体育

竞技体育是指在全面发展身体，最大限度地挖掘和发挥人（个人或群体）在体力、心理、智力等方面的潜力的基础上，以攀登运动技术高峰和创造优异运动成绩为主要目的的一种运动活动过程。竞技体育是一种制度化、体系化的竞争性体育活动，具有正式的历史记载和传说，以打败竞争对手来获取有形或无形的价值利益为目标，在正式组织起来的体育群体的成员或代表之间进行，强调通过竞赛来显示体力和智力，在对参加者的职责和位置做出明确界定的正式规则所设立的限度之内进行。

3. 大众体育

社会体育又称群众体育或大众体育，是指普通民众自愿参加的，以强身、健体、娱乐、休闲、社交等为目的，一般不追求达到高水平的运动成绩，内容广泛、形式多样的体育活动。

4. 体育产业

体育产业是指为社会提供体育产品的同一类经济活动的集合及同类经济部门的综合。体育产业作为国民经济的一个部门，具有与其他产业相同的共性，即注重市场效益、讲求经济效益，同时又具有不同于其他产业部门的特性。其产品的重要功能还在于提高居民身体素质、发展社会生产、振奋民族精神、实现个人的全面发展和社会文明的全面进步。

三、体育的功能

从性质上看，体育是社会文化的组成部分。体育是一个有机的整体，一个多功能、多目标的系统。体育的功能主要包括：健身功能、文化功能、娱乐功能、教育功能、政治功能和经济功能。

1. 健身功能

所谓"健身"就是健全体魄，增强体质。在进行体育活动时，通过身体运动锻炼的多次重复过程，可以对各器官系统起到一定强度和量的刺激，使身体在形态结构、生理机能和生化等方面发生一系列的适应反应，达到促进身体健康发展和增强体质的目的。

适当的体育活动，可以促进大脑兴奋，提高大脑分析、综合能力，可以促进机体的生长发育，促进骨骼变粗、骨密质增厚，抗弯、抗折、抗压力增强，可以增加肌肉的能量储备，提高体力，可以促进人体内脏器官构造的改善和功能的提高，能增强人体免疫力，提高对疾病的抵抗能力。体育锻炼还可以增强意志，催人奋进，培养集体观念，协调人际关系，从而促进心理调解能力的提高，有利于排解各种不健康的心理因素，使个体在环境的和谐统一中感到欢快和轻松，实现精神健康。

2. 文化功能

体育本身就是社会的一种文化现象，体育文化是现代文明的标志之一，主要从媒体传播、体育服饰、体育竞技、民间体育、体育表演、体育设施等方面反映一个国家的文明程度。体育还是一种高雅的文化生活，它与欣赏音乐、舞蹈、艺术、文学有着不解之缘，是人类文明与智慧的结晶。

3. 娱乐功能

由于体育本身具有游戏性、艺术性、惊险性、默契性等特征，人们结合自己的兴趣，参加一些个人喜爱和擅长的体育运动项目，可以起到调节心理、松弛神经、丰富文化生活和愉悦身心的作用。在完成各种练习的体验中，可以提高自信心和自豪感，提升与同伴的默契，增进相互之间的理解。胜利后的狂喜，也会给人带来巨大的心理陶醉。在欣赏体育运动时，运动员所表现出的高超技艺，使人赏心悦目、心旷神怡，赛场上跌宕起伏的戏剧性，稍纵即逝的机遇性，激烈的对抗性，胜败的悬念性，音乐、色彩及力与美的协调性，均会给人们带来精神上的巨大愉悦，使人们在和谐的氛围中获得精神快感，情绪得到释放，情感得到净化，调节由于工作和劳动带来的紧张、疲劳。

4. 教育功能

在国际体育比赛中，每当有中国运动员获得冠军，赛场上空响起中国国歌、升起中国国旗时，都会激发起全民族的爱国热情。

实施素质教育，全面贯彻党的教育方针，就是以提高国民素质为根本宗旨，以培养学生的创造精神的实战能力为重点，注重形成人的个性为目的的教育。通过体育活动，不仅能有效地培养人的体育素质，发展人的个性，培养竞争意识，而且有助于基本素质的提高和培养，使人们树立"终生体育"的思想。

5. 政治功能

体育作为人类的一项文化活动，不是一种孤立的社会现象，而总是同一定社会的政治、经济、文化相互联系，又相互影响的。竞技体育，特别是奥林匹克体育运动，更是从一开始就同政治结缘。

作为国力强弱的标志之一，竞技比赛的成绩直接影响国家的声望和威信。竞技比赛，特别是奥运会等大型国际竞赛，对世界各地影响的广度和速度，都是其他任何活动无法比拟的，比赛胜负直接关系国家的荣誉。作为强大的精神动力之一，重大竞技比赛的胜利可满足民族自尊心，增强自豪感，激发起巨大的爱国热情。在 2008 年北京奥运会上，中华健儿一鼓作气，勇夺 51 枚金牌，实现了历史性的突破。国人沸腾，海外华侨欢呼雀跃，海内外掀起了巨大的爱国浪潮。作为社会感情的调节手段之一，体育可以欢娱身心、稳定情绪，从而有助于社会的安定与团结；作为增进友谊的桥梁之一，体育能够促进各国人民之间相互了解，特定情况下还可以提供灵活的外交场合和机遇。国际比赛中，作为人民使者的各国运动员，通过场上交流和场下的广泛接触，可展示各国人民的风采，加深与他国选手的友谊。竞技比赛可以使任何国家，甚至政治上有隔阂乃至敌对国家的运动员走到一起，同场竞技。与此同时，双方的官员也要进行必要的接触。在特定情况下，往往取得意想不到的重大的外交突破。

6. 经济功能

在国际体育运动中，体育的经济目的已成为最大特点之一。大大小小的赛事，尤其是奥运会，会给各个举办国带来巨大的商机。

除了极具魅力的体育产业，中国老百姓对健康的关心，使得各种各样的体育活动大踏步地走向生活、进入家庭，群众体育锻炼和休闲体育的市场展现出了不可估量的庞大需求。体育服装、体育广告、器材、食品、旅游等综合服务获得了十分可观的经济收入。社会体育消费品、体育用品、练习器材、场地设施等产品的极大发展，创造了更多的经济价值。体育产业有力地推动了中国经济在新世纪继续增长，促进了我国改革开放和经济事业的发展。

第二节 什么是健康

一、健康的概念

现代健康的含义是多元的、广泛的，包括生理、心理和社会适应性3个方面，其中社会适应性归根结底取决于生理和心理的素质状况。心理健康是身体健康的精神支柱，身体健康又是心理健康的物质基础。良好的情绪状态可以使生理功能处于最佳状态，反之则会降低或破坏某种功能而引起疾病。身体状况的改变可能带来相应的心理问题，生理上的缺陷、疾病，特别是痼疾，往往会使人产生烦恼、焦躁、忧虑、抑郁等不良情绪，导致各种不正常的心理状态。作为身心统一体的人，身体和心理是紧密依存的两个方面。

1. 生理健康

生理健康就是人体生理上的健康状态。过去将生理健康定义为："能够精力旺盛地、敏捷地、不感觉过分疲劳地从事日常活动，保持乐观、蓬勃向上及具有应激能力"。但是，目前什么是生理健康，有的人认为应当将健康与健康行为两个概念区别开来，健康是指循环、呼吸系统、机体的各个器官、关节活动及肌力都达到最低正常水平，这样就会有助于减少退行性疾病发生的危险性。健康行为要求生理健康达到一定水平，并且与敏捷性、速度、肌肉的耐受性和收缩力有关，能够使机体更好地从事职业与娱乐方面的生理活动。

2. 心理健康

心理健康的基本含义是指心理的各个方面及活动过程处于一种良好或正常的状态。心理健康的理想状态是保持性格完美、智力正常、认知正确、情感适当、意志合理、态度积极、行为恰当、适应良好的状态。

个体能够适应发展着的环境，具有完善的个性特征，且其认知、情绪反应、意志行为处于积极状态，并能保持正常的调控能力。在生活实践中，能够正确认识自我，自觉控制自己，正确对待外界影响，从而使心理保持平衡协调，就已具备了心理健康的基本特征。

3. 社会适应性

社会适应一词最早由赫伯特·斯宾塞提出，指个体逐渐地接受现有社会的道德规范与行为准则，对于环境中的社会刺激能够在规范允许的范围内做出反应的过程。社会适应对个体有着重要意义。如果一个人不能与社会取得一致，就会产生对所处环境中的一切格格不入的心理状态，久而久之，容易引起心理变态。人类对社会的适应可以通过语言、风俗、法律及社会制度等的控制，使个人与社会相适应。

▮ 课堂阅读

健康是你最大的财富

一个人最重要的是金钱吗？是豪宅吗？是权势吗？是漂亮的脸蛋吗？都不是！而是健康。健康不是一切，但失去了健康，就会失去一切。

人有三宝，就是精、气、神。精、气、神是身体健康的基础。失去它们人不仅会失去一切，而且会立即失去生命。因为这是生命的原动力！人的生命就在一口气呼吸之间。一口气上不来就会死亡。人有时候真不知要谋求什么，往往把最珍贵的东西忽视了，却不知拣了芝麻丢了西瓜。要把身体当成好朋友。不是病了才关爱身体，而是通过更多的关爱让身体不生病或少生病。不吸烟，少喝酒，不过劳，不做对身体不利的事情。对于我们每一个人来说，防病比治病更重要。

世上有些东西可以弥补，有些东西永远无法弥补。有的人透支生命去换取财富，却忘了财富买不回生命。身体是会报复每个不爱惜、不尊重它的人的。如果你浑浑噩噩地摧残它，它就会冷峻地给你一点颜色看。一旦它衰微了，你将丧失聪慧的智力和充沛的体力，难以自强自立于世。

现在好多人都在透支健康，燃烧生命，经常借口工作忙、应酬多，不注意生活方式，不重视锻炼和爱惜自己，过早处于亚健康状态。一般都是撑不住了才去看医生，身体有毛病了和退休了才去保养和锻炼。往往都是等到健康状况不行了，才想起去珍惜和维护。

其实，如果我们过早地把自己身体搞垮了，要再多的身外之物又有何用？"万里长城今犹在，不见当年秦始皇"。世界上再富有的人，往往也无法买回自己的健康。

无论干什么，干多大的事业，健康毕竟还是第一位需要维护的利益。我们连生命都没了，还会有什么？什么时候您才会关心自己的健康？可能就是当医生对您说您的身体机能已经坏透了的时候。如果真的是这样，则为时已晚矣！

二、健康的标准

1. 世界卫生组织提出的标准

（1）食得快：进食时有很好的胃口，能快速吃完一餐饭而不挑剔食物，这证明内脏功能正常。

（2）便得快：一旦有便意时，能很快排泄大小便，且感觉轻松自如，在精神上有一种良好的感觉，说明胃肠功能良好。

（3）睡得快：上床能很快熟睡，且睡得深，醒后精神饱满，头脑清醒。

（4）说得快：语言表达正确，说话流利，表示头脑清楚，思维敏捷，中气充足，心、肺功能正常。

（5）走得快：行动自如、转变敏捷，证明精力充沛旺盛。

（6）良好的个性：性格温和，意志坚强，感情丰富，具有坦荡胸怀与达观心境。

（7）良好的处世能力：看问题客观现实，具有自我控制能力，适应复杂的社会环境，对事物的变迁能始终保持良好的情绪，能保持对社会外环境与机体内环境的平衡。

（8）良好的人际关系：待人接物大度和善，不过分计较，助人为乐，与人为善。

（9）适量运动：运动能改变血液中的化学成分，有利于防止动脉血管硬化，保护血液、维护心血管系统的健康。要经常参加以耐力性为主的运动项目，如跑步、球类、登山等。

2.《国家学生体质健康标准（2014年修订）》项目及评价指标

国家学生体质健康标准（2014年修订）指2014年7月18日，教育部公布了最新修订的《国家学生体质健康标准》（下称新《标准》）。学生体测成绩达到或超过良好，才有资格参与评优和评奖。

以往，学生的体测按学段分组，每组除了身高、体重、肺活量必测，还有一些可选项目。新《标准》取消选测项目。在分组上，小学、初中、高中按每个年级为一组；大学一、二年级为一组，三、四年级为一组。在各组中，身高、体重、肺活量、50 米跑、坐位体前届都是必测项目。在大学生和中学生中，男生必须测1000 米跑和引体向上，女生必须测 800 米跑和 1 分钟仰卧起坐。

另外，各个测试项目都设置了具体的标准。比如，50 米短跑，大一、大二的学生，男生超过 9.1 秒就为不及格，女生超过 10.3 秒为不及格；大三、大四的学生，男生超过 9.0 秒为不及格，女生超过 10.2 秒为不及格。

新《标准》还指出，体测的学年总分为标准分与附加分之和，满分为 120分。标准分由各单项指标得分与权重乘积之和组成，满分为 100 分；附加分根据实测成绩，对 1 分钟跳绳、引体向上、仰卧起坐等加分指标进行加分，满分为 20 分。

各组学生按总分评定等级，90 分及以上为优秀，80 分至 89.9 分为良好，60分至 79.9 分为及格，59.9 分及以下为不及格。

每个学生每学年评定一次，学生毕业时的成绩和等级，按毕业当年学年总分的 50%与其他学年总分平均得分的 50%之和进行评定。学生测试成绩评定达到良好及以上者，方可参加评优与评奖；测试成绩达到优秀者，方可获体育奖学分。对于测试成绩评定不及格的学生，在本学年度准予补测一次，补测仍不及格的，则学年成绩评定为不及格。普通高中、中等职业学校和普通高等学校学生毕业时，新《标准》测试的成绩达不到 50 分者按结业或肄业处理。

三、亚健康

1. 亚健康的概念

世界卫生组织（WHO）认为：亚健康状态是健康与疾病之间的临界状态，各种仪器及检验结果为阴性，但人体有各种各样的不适感觉。这是新的医学理论、新概念，也是社会发展、科学与人类生活水平提高的产物，它与现代社会人们的不健康生活方式及所承受的社会压力不断增大有直接关系。

由于各研究采用的亚健康定义不统一、应用的调查问卷或量表不统一，各研究报道的亚健康检出率差别也较大，大多在 20%～80%之间。亚健康的检出率在不同性别、年龄、职业上有一定差异，与出生地、民族无关。一般女性的检出率高于男性，40～50 岁年龄段较其他年龄段高发，教师、公务员高发。

导致亚健康的主要原因有：饮食不合理、缺乏运动、作息不规律、睡眠不足、精神紧张、心理压力大、长期不良情绪等。

2. 亚健康的主要特征

亚健康的主要特征包括：

（1）身心上不适应的感觉所反映出来的种种症状，如疲劳、虚弱、情绪改变等，其状况在相当时期内难以明确。

（2）与年龄不相适应的组织结构或生理功能减退所致的各种虚弱表现。

（3）微生态失衡状态。

（4）某些疾病的病前生理和病理学改变。

 知识链接

亚健康状态的自我检测

有人专门罗列出 30 种亚健康状态的症状提供给人们作自我检测。如果在以下 30 项现象中，您感觉自己存在 6 项或 6 项以上，则可视为处于亚健康状态。

①精神焦虑，紧张不安；②忧郁孤独，自卑郁闷；③注意力分散，思维肤浅；④遇事激动，无事自烦；⑤健忘多疑，熟人忘名；⑥兴趣变淡，欲望骤减；⑦懒于交际，情绪低落；⑧常感疲劳，眼胀头昏；⑨精力下降，动作迟缓；⑩头晕脑胀，不易复原；⑪久站头晕，眼花目眩；⑫肢体酥软，力不从愿；⑬体重减轻，体虚力弱；⑭不易入眠，多梦易醒；⑮晨不愿起，昼常打盹；⑯局部麻木，手脚易冷；⑰掌腋多汗，舌燥口干；⑱自感低烧，夜常盗汗；⑲腰酸背痛，此起彼安；⑳舌生白苔，口臭自生；㉑口舌溃疡，反复发生；㉒味觉不灵，食欲不振；㉓反酸嗳气，消化不良；㉔便稀便秘，腹部饱胀；㉕易患感冒，唇起疱疹；㉖鼻塞流涕，咽喉疼痛；㉗憋气气急，呼吸紧迫；㉘胸痛胸闷，心区压感；㉙心悸心慌，心律不整；㉚耳鸣耳背，晕车晕船。

第三节　健康法则

一、健康饮食法则

健康是人类社会生存发展的基本因素，也是个体或社会充分发挥其功能的必要前提。健康既属于个人，也属于社会。21 世纪是一个充满希望、充满竞争的世纪。在一个高效率、快节奏的社会里，健康的体魄、良好的心态、充沛的精力对人类来说是宝贵的，它直接影响一个人的学习、生活和工作及美好理想的实现。而饮食是人类生存和发展活动的一个重要方面，没有饮食，就没有充沛的精力和体力，也就谈不上创造更好的未来，俗话讲"民以食为天"，吃好饭也是人生存的根本。

1. 食物多种花样

以谷类为主，粗细搭配。尽量每餐多吃几样食物，这样就可为机体提供多种营养素。食物的种类多，提供的营养素就丰富，就能满足机体对各种营养素的需要，机体就能有充足的能量。各种食物所含的营养成分不完全相同，每种食物都至少可提供一种营养物质。

2. 保持一日三餐

有规律的饮食习惯有利于食物的消化吸收。一日三餐按时吃饭是人类长期生存所形成的规律。这种进食规律能使血糖水平维持在较稳定的范围内。要避免忽而暴食，忽而饥饿。

3. 多吃蔬菜、水果和薯类

蔬菜、水果是维生素、矿物质、膳食纤维和植物化学物质的重要来源，水分多、能量低。薯类含有丰富的淀粉、膳食纤维及多种维生素和矿物质。富含蔬菜、水果和薯类的膳食对保持身体健康，保持肠道正常功能，提高免疫力，降低患肥胖、糖尿病、高血压等慢性疾病风险具有重要作用。

4. 每天吃奶类、大豆或其制品

奶类及其制品营养成分齐全，组成比例适宜，容易消化吸收。奶类及其制品除了含丰富的优质蛋白质和维生素，含钙量较高，且利用率也很高，是膳食钙质的极好来源。大豆含丰富的优质蛋白质、必需脂肪酸、B族维生素、维生素E和膳食纤维等营养素，且含有磷脂、低聚糖，以及异黄酮、植物固醇等多种植物化学物质。

5. 常吃适量的鱼、禽、蛋和瘦肉

鱼、禽、蛋和瘦肉均属于动物性食物，是人类优质蛋白、脂类、脂溶性维生素、B族维生素和矿物质的良好来源，是平衡膳食的重要组成部分。

二、健康作息法则

1. 起居规律

我们的生活起居必须"有常"，坚持按时作息，合理地安排起居作息，保持良好的生活习惯，坚持有规律的生活制度，尽量使工作、学习、休息、睡眠等活动保持一定的规律，不违背人体生理的变化规律，并与大自然的活动规律相适应，顺应生物钟的要求。这是保证身心健康、延年益寿的重要保健方法。

2. 保证睡眠

睡眠是人生活中的一个重要组成部分。人的一生有 1/3 的时间是在睡眠中度过的，好的睡眠对恢复体力、增强智慧、保证健康十分重要。没有睡眠就没有健康。睡眠是机体自我保护的重要生理功能。睡眠不仅能使身体得到休息，恢复体力，还能让大脑得到休息，恢复脑力。睡眠时，神经系统能集中精力完成消化吸收、营养和能量的转化储备等工作。某些内分泌功能在深睡时变得更加活跃，如生长激素的增加、松果体素的释放等，免疫系统也可以在熟睡中得到强化。通过睡眠，人们能够获得全身心的休息、恢复和调整。科学家认为，如果你希望自己健康，就必须重新评估睡眠对健康的作用。

3. 劳逸结合

劳逸结合是一个矛盾的统一体，要学会把"劳"和"逸"这一对矛盾完美地结合起来，和谐地统一于一体。生命需要压力，有压力才能使人振奋精神，保持高效率的学习和工作状态。但是过"劳"会导致"过劳死"，过"逸"也会使人心志涣散，无精打采。只有通过必要的休息调节，获得了健康的身心，才能全身心地投入到工作学习中去，努力去实现自己的人生价值，学习和工作也会取得事半功倍的效果。

三、健康运动法则

有句古话叫"流水不腐，户枢不蠹"，说的是自然界中的一个现象，但是也揭示了一个真理："用进废退"。对于健康而言，说运动是金何尝不可。按中医理论，运动可使全身气机条达、血脉流通，才能不生疾病或少生病。肌肉在运动中变得发达有力，骨骼在运动中变得坚强和结实。所以说，最好的保健秘方，不是灵丹妙药，而是运动。

1. 运动预防疾病

体育锻炼能改善神经系统的调节功能，提高神经系统对人体活动时错综复杂变化的判断能力，并及时做出协调、准确、迅速的反应；使人体适应内外环境的变化，保持肌体生命活动的正常进行。因此，体育运动在预防某些疾病方面有着非常好的效果。例如，经常运动可以降低血压，提高有益的胆固醇水平，并减少有害的胆固醇水平，减轻体重，有助于预防血块形成；运动对肌体器官运作有较大影响，它会对细胞产生积极作用，延缓免疫系统老化；运动可刺激胰岛素的分泌，加速细胞对糖的氧化和利用，起到防治糖尿病的作用……同时，体育运动在肥胖、骨质疏松、老年痴呆，甚至癌症等方面都有着显著的预防甚至减轻症状的作用。

2. 有氧运动和无氧运动相结合

有氧运动属于耐久性运动项目，在整个运动过程中，人体吸入的氧气大体与机体所需相等。其运动特点是强度低、有节奏、不中断、持续时间长，并且方便易行，容易坚持。这一运动包括：步行、慢跑、骑车、越野滑雪、打网球等。

无氧运动属于力量性的运动项目，在整个运动过程中，人体吸入的氧气少于机体所需要的氧气，运动强度较高，持续时间短，爆发力强。这类运动包括举重、拳击、短跑及田径项目中的竞技运动。

在我们日常进行的运动中，还有很大一部分既不属于有氧运动，也不属于无氧运动，而是两者兼而有之，如足球、篮球、排球、体操、中距离跑、游泳及摔跤等，它们是耐力和力量的综合体现，这些运动同样有促进身体健康的作用。所以要保持健康的身体状态，可以把有氧运动和无氧运动结合起来进行。

3. 适量运动延年益寿

运动健身其实也不需要太大的运动量就能达到十分明显的效果，如果我们每天坚持10分钟的散步，则身体状况将大大改善。如果每天坚持一小时的步行，那么每周可通过体力活动消耗掉2000卡路里的热量，我们的预期寿命将会延长2年。运动健身贵在坚持，三天打鱼两天晒网是达不到目的的。此外，有氧运动（指和缓的、非剧烈的运动）对健身的效果更好，当然也可将有氧运动和无氧运动两者结合起来，不过应根据各人体质选择适当的运动项目和运动量。

4. 运动要持之以恒

人贵有志，学贵有恒，做任何事情，要想取得成效，没有恒心是不行的。古人云"冰冻三尺，非一日之寒"说的就是这个道理。这就说明，锻炼身体非一朝一夕之事，要经常而不间断，三天打鱼两天晒网是不会达到锻炼目的的。运动养生不仅是身体的锻炼，也是意志和毅力的锻炼。

如果因为工作忙，难以按原计划时间坚持，每天挤出 10 分钟或 8 分钟进行短时间的锻炼也可以。若因病或因其他原因不能到野外或操场锻炼，在院内、室内、楼道内做原地跑、原地跳、广播操、太极拳也可以。无论如何不能高兴时练得累死累活，兴奋过去多少天都不练。

5. 运动要循序渐进

为健康而进行的锻炼，应当是轻松愉快的、容易做到的、充满乐趣和丰富多彩的，人们才愿意坚持实行。"运动应当在顺乎自然和圆形平面的方式下进行。"这是美国运动生理学家莫尔豪斯的结论。在健身方面，疲劳和痛苦都是不必要的，要轻轻松松地、渐次地增加活动量，"不能一口吃成个胖子"。

正确的锻炼方法是运动量由小到大、动作由简单到复杂。如跑步，刚开始练跑时要跑得慢些、距离短些，经过一段时间的锻炼，再逐渐增加跑步的速度和距离。

四、健康心理法则

1. 悦纳自己

心理健康的人首先要有自知之明。对自己能做出恰当评价的人，既能了解自我，又能接受自我，体验自我存在的价值。一个悦纳自己的人，并不意味着他的一切都是完美的，而是说他在接受自己优点的同时，也了解自己的缺点，很坦然地承认自己的不足之处。而后，不断克服缺点，注意自我形象塑造，把握自己的做人准则，不断完善自己，更加自信地面对生活，走向成功。这是一种修养，也是一种难能可贵的品质。

总的来说，悦纳自我包括三方面：第一，接受自己的全部，无论优点还是缺点，无论成功还是失败。第二，无条件地接受自己，接受自己的程度不以自己是否做错事有所改变。第三，喜欢自己，肯定自己的价值，有愉快感和满足感。只有能够真正地做到如此，我们才能真正地悦纳、认识自我。

2. 保持乐观

一个哲学家讲过："生活像镜子，你笑他也笑，你哭他也哭。"乐观的情绪可以使体内的神经和内分泌系统的自动调节作用处于最佳状态，有利于身体健康，有利于促进人的感知、记忆、想象、思维等活动。乐观的心态，使人心情舒畅，使人年轻。俗话说："笑一笑，十年少"，一个人心态好，世界上一切都变得很美好。只要你乐观、积极地看世界，这世界很美好。

3. 建立良好的人际关系

应该说良好的人际关系是我们获得快乐的重要来源，也是我们减少痛苦的重要方式。当我们遇到困难的时候，当我们无助的时候，当有亲人去世的时候，我们身边一定要有我们的好朋友，或者我们可以交心的、说话的家里人、亲人。如果我们能够把自己的痛苦说给别人听，我们的痛苦就少了一半，甚至会少了一大半，而且在交流的过程当中会得到朋友的关心、支持，又会带给我们很多的幸福和快乐。从这个角度来讲，可以说心理健康就是良好的人际关系，心理健康就是沟通和交流。

4. 拥有较强的社会适应能力

社会适应能力是个体为满足生存需要而与环境发生调节作用的能力。在计划经济时代，人的一生都是由"组织"决定的，社会适应能力的大小一般不会对人的进退产生多大影响。而在市场经济时代，任何人都必须接受市场的筛选、竞争的考验，任何人都必须主动适应市场的需要，否则便会被无情地淘汰。为了培养大学生的社会适应能力，学校应开展各种行之有效的社会实践活动，让学生有更多的时间走出校门，进入社会，了解社会，并逐渐适应社会。

5. 学会心理调节

一个人在工作、生活、恋爱过程中的烦恼是难以避免的，将忧愁痛苦强行积郁在胸，这显然不妥。心情不好时，应尽量想办法"宣泄"或转移，如找知心朋友聊聊，一吐为快；或出去走走，到影剧院看看电影等。遇有大的委屈或不幸时，也不妨痛哭一场。在困难时要看到光明面，失败时要多看自己的成绩，对自己要有信心。

第四节　学校体育

一、学校体育简介

学校体育是指以在校学生为参与主体的体育活动，通过培养学生的体育兴趣、态度、习惯、知识和能力来增强学生的身体素质，培养学生的道德和意志品质，促进学生的身心健康。学校体育是教育的重要组成部分，是计划性、目的性、组织性较强的体育教育活动过程。

由于社会制度、国家性质和教育目标的不同，各国的学校体育目标也不尽相同，一般有：促进学生身体生长发育、增进健康；使学生掌握一定的锻炼身体的知识、方法；培养学生运动的兴趣、能力、习惯及良好的品行；发展个性。有的国家还将提高运动技术水平和为国防服务作为学校体育目标。中国学校体育的根本目标是通过增强学生的体质、促进其身心健康发展，为提高中华民族的身体素质和为社会主义现代化建设培养德、智、体、美、劳全面发展的建设者和接班人服务。学校体育包括校内体育和校外体育两部分。

二、学校体育的意义

1. 培养社会所需人才

学校体育是学生全面发展的组成部分，是培养社会所需人才的重要内容。体育和教育都是人类社会的文化现象，随着人类社会的产生而产生，随着人类社会的发展而发展。同时，它以越来越复杂的形式适应社会发展的需要。体育和教育从来就有紧密联系，作为培养人和教育人的必要手段，历来都是教育的重要组成部分。

2. 国民体育的基础

学校体育是国民体育的基础，对增强民族体质和提高竞技体育水平有重要的战略意义。一个民族的素质，主要包括身体素质、文化素质、心理素质和品德素质。民族体质的强弱，关系到国力强弱和民族兴衰。在学生时期，加强体育锻炼，能促进身体的正常生长发育，全面发展身体，增强体质，才能为一生的健康打下良好的基础。

学校体育的发展水平，也是大众体育普及水平的重要标志。同时，学生在学校体育教育中所养成的体育观念、能力和习惯，将有助于他们在踏入社会后，成为大众体育的生力军，从而极大地推动大众体育的发展。

3. 促进智力发展

学校体育不仅能够使学生的体质得到增强，而且可以促进智力的发展。科学实践证明，坚持锻炼可以提高大脑皮层细胞活动的强度、均衡性和灵活性。通过体育运动，还可以培养敏锐的感知能力、灵活的思维和想象能力、良好的注意力和记忆力。这一切都有利于学生的智力开发，从而有利于他们学习和运用科学文化知识。

4. 培养意志品质

学校体育有助于培养学生高尚的思想品德和坚强的意志品质。严格的体育教学和训练，可以加强学生的组织性和纪律性，培养学生的集体主义精神。体育教学和训练的对抗性，可以促进学生良好的个性心理品质的形成，培养良好的意志品质。同时，学校体育还为学生的道德行为的表现提供了有利的条件，有助于学生形成良好的道德行为。在体育运动这样一种特殊环境中，学生努力控制和约束自己的不良行为，努力表现出良好的道德风貌，从而为形成良好的道德品质和习惯打下基础。

5. 对美育的作用

学校体育对于美育也有积极作用。它以自己丰富的内容和形式，不仅塑造体形的外在美，而且能培养学生的审美情趣。通过提高学生在体育运动中感受美、表现美、创造美的能力，更好地培养学生认识和表现自身在运动方面的美，使自我身心得到更加充分、自由、全面的发展。

6. 娱乐休闲活动

学校体育还是一项高尚的娱乐休闲活动。广大学生在学习科学文化之余参加体育活动，能够使紧张的神经得到松弛，享受运动带来的快乐。这既是一种很好的体脑调剂和恢复手段，又是一种有助于社会主义精神文明建设的业余文化生活。

三、学校体育的特征

1. 基础性

首先，体育教育在整个教育中具有基础性地位，是德、智、体、美、劳教育的重要组成部分；其次，学校体育的对象是在校学生，其身心发育处于关键时期，体育有助于他们的健康成长；再次，学生阶段是生活习惯和行为养成的重要阶段，体育知识的掌握与体育习惯的养成，将为竞技体育和大众体育打下坚实的基础。

2. 普及性

学校体育以全体学生为对象，以全面传授体育知识、普及体育活动为宗旨。

3. 系统性

学校体育遵循儿童青少年发育成长的基本规律，并根据教学规律设计教学活动；教师按照循序渐进的原则有计划地指导学生；课余体育活动同课堂教学一起构成体育活动体系，在潜移默化中实现教学目标。

四、学校教育的组织形式

学校体育工作的主要组织形式有体育课程教学、课外体育活动、课余体育训练活动和课余体育竞赛。随着学校体育教育的不断改革和发展，体育课程的组织形式也在不断更新和完善。

1. 体育课程教学

体育课程是学校体育工作的重要组成部分，在培养学生养成良好体育习惯的过程中发挥着重要的作用。体育基础知识、基础技能的掌握，体育兴趣的培养、体育态度的形成及体育观念的树立，都是通过体育课程教学来实现的。体育课程是学校教学计划中所规定的必修课程，既是学校体育教育工作的中心环节，又是实现学校体育教育目标的基础和基本途径。

体育课程教学分为体育理论课和体育实践课。

（1）体育理论课。体育理论课是根据教学计划，在室内讲授体育与卫生保健等基础理论知识的课程。根据实际需要，有的理论课安排在学期开始时进行讲授，有的安排在重大体育活动日前讲授等。根据体育理论教材，按照教学计划和课时进度，系统地向学生传授体育科学知识和体育实践方法，加强学生对体育的理性认识和体育文化内涵的深刻理解，使学生形成体育锻炼的意识，树立终身体育锻炼的思想。

（2）体育实践课。体育实践课教学是以身体练习为基本手段，以教师为主导、学生为主体，专门开设的体育教学课程，是高校实现体育教育目标的基本组织形式。目前，我国高校提倡采用"三自主"教学模式开展大学体育课程教学。所谓"三自主"是指学生可以自由选择上课时间、自由选择上课内容、自由选择上课教师。对于学生而言，选择性更加宽泛，更有利于发挥其参与体育活动的主观能动性。

2. 课外体育活动

课外体育活动是体育课的有益补充，是体育教育体系在时间和空间上的延伸和扩展，是高校体育课程的有机组成部分，由于时间有限，体育课之余大力开展课外体育活动无疑是培养学生体育锻炼习惯的重要途径。

课外体育活动主要有以下几种形式。

（1）早操。早操即清晨体育活动，是学生合理作息制度的重要组成部分。主要根据个人的兴趣爱好，每天坚持 20～30 分钟的晨练，一般选择散步、健身跑、广播操、武术、太极拳等内容，运动量不宜过大，以免影响学习。学生坚持每天做早操，不仅是锻炼个人意志，养成良好的生活习惯，促进身心健康的有效措施，而且是学生每天从事学习的一项准备活动，开展早操对于校风、学风建设，促进校园精神文明也有重要意义。

（2）课间操。课间操是在课间休息时进行的时间较短的轻微活动。活动方式一般以散步操、太极拳等内容为主，时长以 5～10 分钟较为适宜。通过课间操，可调节大脑由抑制转为兴奋，消除静坐上课的脑力疲劳，使接下来的学习保持充沛的精力。

（3）班级体育锻炼。班级体育锻炼是大学生结束一天课程学习之后，进行有目的、有计划、有组织的活动，一般以教学班为单位，分组、分项、定点组织，以篮球、足球、羽毛球、排球、乒乓球等集体项目为宜。通过班级体育锻炼，可以增强学生体质，促进健康，陶冶情操，拓展视野，培养集体主义精神。

（4）单项体育协会或单项体育运动俱乐部活动。体育协会或体育俱乐部是大学生根据自己的兴趣爱好，自主选择、自愿参加的课余体育组织。它是贯彻实施全民健身计划的重要组织形式，其职能是宣传、发动、组织、指导所属成员参与课余体育锻炼，协助学校体育行政部门和学生会体育部开展群众性体育活动及组织单项训练和竞赛，提高运动技术水平。其主要特征是社团和协会将体育作为开展活动的一项内容，把个体的自觉自愿归结在社团和协会相对固定的计划安排内，实行"自我自律，自我管理，自我发展"的管理方式，通过定期的俱乐部活动提高社团和协会的凝聚力。

（5）体育节。体育节是在课外集中一段时间组织全校学生进行的体育活动。体育节时间比较灵活，可用一周或几天，有目的、有计划地组织这一活动。体育节活动内容应该丰富多彩，适应大学生的兴趣爱好，既要生动活泼，富有趣味，又要兼顾知识性和教育性。在举办体育节前要做好充分的准备和宣传工作，调动全体学生的积极性，在相对集中的一段时间内在校园内创造一种体育活动的热烈气氛。这对吸引更多大学生自觉参与体育活动会产生良好的促进作用，也有利于丰富校园文化生活。

3. 课余体育训练活动

课余体育训练活动是在群众性体育活动普及的基础上，对部分热爱体育运动，身体素质好又有专项运动特长的学生进行的系统体育训练活动，是贯彻与提高相结合的一项重要措施。

（1）兴趣运动训练队。只要身体素质好，有专项特长，兴趣浓厚，本人自愿，经过批准就可以参加兴趣运动训练队。项目设置一般根据学校的师资、场地、设备、传统运动项目等条件来决定。训练的目的可以为参加校际或上级组织的比赛，也可以不为任何比赛，而仅仅为了增强体质，提高运动技术水平。

（2）学校代表队。成立学校代表队的目的主要是代表学校参加校级或上级组织的比赛，项目设置一般根据学校传统运动项目和上级比赛的竞赛规程来决定，其队数和每队人数均比兴趣运动训练队要少。一般由运动技术水平较高、学习成绩合格、思想素质较好的学生组成。

（3）高水平运动队。学校举办高水平运动队是我国建立多层次、多渠道培养优秀运动员人才梯队建设的战略举措，旨在为我国培养更多的高水平运动员开辟一条新的途径。学校体育为开创竞技体育人才输送渠道和扩大国际交往的需要，积极创造条件，使得课余体育训练逐步走向科学化和系统化。

课余训练的目的是提高竞技运动水平，既是为参加不同层次比赛，又是为学校培养体育骨干，以便指导和推动群众性体育活动的开展。

4. 课余体育竞赛

竞争是体育竞赛的基本特征。体育竞赛既可以培养学生竞赛意识，又符合学生竞争心理的需求，所以体育竞赛是推动学校群众性体育活动开展的有效组织形式，能起到宣传、教育和鼓励的作用。通过运动竞赛这一形式，可以检查教学和训练情况，总结和交流经验，也可以选拔体育人才。体育竞赛分为校内和校外两大类，经常采用的形式有以下几种。

（1）学校运动会。职业院校通常在春季或秋季举行田径运动会。它的特点是项目多、规模大，能够较为全面地检查学校田径运动开展的情况，进一步推动该项运动的普及和提高。

（2）传统项目比赛。各校根据自己的实际情况，设置一项或几项传统项目长期开展比赛，如篮球、排球、越野跑、乒乓球、拔河、跳绳等，要求学生积极参加锻炼和训练，定期举行比赛。

（3）对抗赛。不同班级、院系及几个学校联合组织的比赛，目的在于互相学习，互相促进，交流经验，共同提高。它的特点是规模较小，便于在业余时间进行。

（4）友谊赛。与对抗赛基本相同，只是在对象、水平、规则等方面不像对抗赛那样要求严格。

（5）测试赛。是为了达到一定的标准或者了解运动员进步情况而组织的比赛。

（6）选拔赛。为了组织某一运动项目的运动队（或者代表队），而进行选拔队员的比赛，它可以单独组织，也可以结合其他比赛进行选拔。

（7）表演赛。为了宣传体育运动的意义和扩大影响，或者对要开展的项目作示范性介绍而举行的比赛，如武术、艺术体操、广播体操等。表演赛可以单独组织或者在运动会中附带进行。

第五节　学校体育课

一、学校体育课简介

体育课是体育教学的基本组织形式，主要使学生掌握体育与保健基础知识、基本技术和技能，实现学生思想品德教育，提高运动技术水平。

自 18 世纪末到 19 世纪初，自丹麦、德国等欧洲国家首先把体育课作为中小学必修课程以来，大部分国家都陆续要求学生在中小学阶段开设体育课。美国教育法中，没有具体规定设置中小学体育课程的条文，但是在全国约有 1/2 的州，体育课是必修课，其余学校也绝大部分选修体育课。在中国，体育课是中小学的必修课程之一。它是由体育教师根据教育部颁布的体育教学大纲按照班级授课制的方式，以实践课为主，有组织、有计划地进行教学。它是中小学体育的基本组织形式。

二、学习体育课的任务

体育课的教学任务和学校体育的总任务是一致的，包括：锻炼学生身体、增强体质；传授体育的基本知识、技术和技能；对学生进行思想和道德品质的教育。这 3 个方面是有机联系的一个整体，必须协调一致、全面贯彻。体育课是通过学生的身心活动，在学习和掌握体育知识、技术和技能的反复练习中，锻炼学生的身体，达到增强体质的目的，这是体育课的主要特点。体育课的另一特点是学生在上课时，思想和行为的表现较多、较为明显，比其他课程提供了更多的进行思想和道德教育的机会。另外，体育还包括身体形态和动作的健美等有关美育的因素。强调锻炼身体的效果，重视体育教学中的德育和美育，培养学生爱好体育运动的习惯，让学生在上体育课时积极主动、活泼愉快，这是现代中小学体育课发展的一般趋势。

三、学校体育课程简介

1. 课程结构

课程结构是指构成一节课的几个部分、各部分的教材顺序、组织教法和时间分配等。在体育课中，主要是从事各种身体活动。有机体要承受一定的生理负荷，也有一定的智力活动。因此，体育课的结构不仅要遵循人的认识活动的一般规律，而且还要遵循生理机能活动的规律。

体育课的结构一般分为准备部分、基本部分和结束部分，至于每个部分的具体结构，则因课的具体任务、教材内容、学生情况和人数，以及作业条件（场地、器材、季节气候等）的差异而有所不同。课的基本结构的一致性和具体结构的多样性的统一，就构成了一节体育课的完整结构。为了加强组织教学，小学体育课也可把准备部分分为"开始"和"准备"两个部分，而成为 4 部分结构的课，它和 3 部分结构的课没有本质的区别。

2. 课程安排

（1）综合密度。指一节课中各项活动合理运用的时间与课的总时间的比例。一节课的教学活动，一般包括教师指导、学生做练习、相互观察与帮助、练习后的休息、组织措施。这 5 项活动都是教学过程中不可缺少的，但核心是学生做练习，只有反复练习才能掌握体育的技术、技能，增强体质，其他各项活动都应围绕并有利于学生做练习。研究课的综合密度，在于最有效地、最合理地使用上课时间，提高教学质量。

（2）专项密度。指课的某一项或两项活动的时间与课的总时间的比例。学生做练习的时间与课的总时间的比例，称为课的运动密度（练习密度），通常所说的体育课的密度，就是指课的运动密度。学校体育课的运动密度，一般以 20%～30% 为宜，在适宜的条件下，高于这一标准更好，但不要单纯追求运动密度。

3. 运动负荷

运动负荷指一堂体育课中，学生做练习时所承受的生理负荷。它反映学生的生理变化。运动负荷的大小，是由运动的数量和强度这两个基本因素所决定的。运动的数量是指练习的次数和延续的时间、练习的总距离和总重量等。运动的强度是指在单位时间内完成练习所用的力量的大小和机体紧张的程度，一般以动作的速度、练习的密度、负重的重量、投掷的距离、跨越的高度和远度等来表示。运动负荷应根据运动的数量和强度来综合评定。同时，动作的质量（即动作的规格要求）对运动负荷的大小也有一定关系。课的运动负荷应适当，过小达不到增强体质的效果；过大又会引起过度疲劳，影响健康。

 知识链接

好的体育课的教育目的

1.“懂”，就是让学生懂得如何锻炼身体

当身体不舒服，出现亚健康状态的时候，学生知道用什么样的锻炼方法来消除这些不适，消除不健康状态，促进身体健康。比如说，我现在没劲，那就要判断是没有耐力，还是缺乏绝对力量，根据不同的症状有针对性地练习。搬东西搬不起来，缺的是绝对力量；干活干不长，缺的则是耐力。

一堂好的体育课还要看有没有知识点。如果一节体育课光让学生锻炼身体了，这样是不行的。在学生练习的过程中，教师还要告诉学生这是什么关节，这是什么肌肉，这个练习为什么用这种方法；早上跑步的时候要注意什么，早晨跑好还是晚上跑好，为什么，等等。

2. "会"，主要是帮助学生学会技能

学生在学校学习体育课程，需要掌握一定的运动技能。你不会打篮球，怎么能知道打篮球的乐趣在哪里，怎么懂得通过打篮球锻炼身体、愉悦自己的身心？所以，一定要切切实实地让学生学会技能。

体育达标和身体练习结合不起来，是当前学校体育教学的一个很大的弊端。实际上这是如何选择教学方法的问题，比如达标测试中有长跑，你就只让学生练习长跑，其实，定向越野里不就有长跑吗？踢足球不也能练长跑吗？这个项目练的就是耐力嘛。打篮球的时候，你让学生练习快速带球跑或者带球变速跑，也能达到锻炼的目的。这样的练习方式比让学生一遍一遍机械地跑有意思得多，学生也会喜欢。

3. "乐"，乐趣是体育的天然属性

体育文化是从乐趣中延伸来的一种文化，体育教学如果把体育的乐趣去掉了，谁还来学呢？乐趣是什么，乐趣就是竞争，乐趣就是表现。

学生在运动中挑战自我，与他人友好竞争，赢了我很高兴，输了表明我技不如人，还要继续努力。如果我的成绩比以前提高了，赢了我自己，这也是乐趣和成功的体验。不同的项目有不同的体验和乐趣，体育教师一定要让学生体会到体育的乐趣。

4. "练"，训练是体育的根本方法

这里的"练"就是体育课一定要有运动量，一定要让学生锻炼身体，一定要让学生出微汗。脸发红、出微汗是好的体育课的一个标志。反过来说，学生练完以后大汗淋漓，脸煞白，人都快晕过去了，这也不行。

第六节　学校运动队

一、学校运动队简介

学校运动队是在学生普遍参加班级体育活动的基础上，把部分运动成绩好的学生，按特长组织成若干运动队。学校运动队进行课余训练，不断提高运动技术水平，为国家发现和培养、输送优秀的体育人才，是学校体育的重要组成部分，具有业余性、基础性、广泛性的特点。

学校运动队训练的基本任务是进行身体全面训练和基本技术训练，在保证增进学生健康的前提下，全面发展各种身体素质，以获得多种多样的运动技能，为他们将来身体发展和取得良好的运动成绩打下稳固基础。

二、我国学校运动队管理现状

我国学校运动队建设仍处于探索和提高阶段，教育部和国家体育总局对于学校运动队的建设和管理尚未给出一个统一的模式，虽然具体列出了很多规定，但各个学校在操作的过程中受到自身实际情况的限制，难以有效执行规定中的各项措施，管理体制的不完善严重限制了学校高水平运动队的发展。

1. 学习与训练难以协调

运动队与职业运动队最大的区别就在于运动队的队员要面对大量的课业压力。"学训矛盾"是目前运动队管理中的突出问题，问题的解决直接影响到在校运动员的全面成长与参与训练的积极性。竞技体育发展到今天，没有大量的训练作支撑很难取得优异的成绩，而运动员的学习没有足够的时间保障，完成学业也是妄谈。

2. 运动队招生困难

目前，我国高等院校运动队运动员主要来自 3 个方面：一是各地高中应届毕业生中的体育特长生；二是专业运动队退役队员；三是在学校挂学籍的在训运动员。发展高水平运动队主要是为了提高学校的体育运动水平，为国家培养更高层次的运动员和体育人才。如果单纯为了在全运会或省运会中取得优异成绩而招收"挂名"运动员，则与这个初衷背道而驰。在招生时，应以地方高中的应届毕业生为主，建立系统的培养计划，以提高学生的运动水平。

3. 缺乏高水平教练员

我国学校运动队的教练员普遍缺乏高水平的理论素养和实践经验，未能形成一支高水平的教练员队伍。而在管理方面对教练员的岗位培训和考核力度不足、缺少相应的任用激励机制，则恶化了这种情况。

4. 难以融入校园文化

学校运动队因其竞技水平较高而具有较高的观赏性，能够带动全体学生的参与热情；也可以在学校举办体育文化节与普通热爱体育锻炼的学生进行互动交流，以体育文化节为契机带动整个学校建立一种良好的校园风尚。而现在的状况却是体育与学校生活"各自为政"，并没有形成有机的整体，体育活动失去了根基，难以真正提高学校的体育运动水平。

三、学校运动队的组织与管理

学校运动队训练工作是学校体育工作的重要组成部分，它是在自愿参加的原则上，吸收全校体育运动水平较高和对某些运动有突出爱好的学生参加，是推动学校体育工作的一项重要措施，也是发展竞技体育的成功举措。

1. 学校运动队组织与管理的内容

（1）组队和训练过程的管理。学校运动队队员同时要实现两个主要目标，即文化学习目标和训练目标，两个目标具有较大冲突性。如何正确处理两者之间的关系，做到训练学习两不误，是搞好运动队工作的关键所在。

一个高水平的运动队，不光要有充足的运动员生源，更重要的是要保证所选拔的运动员的质量。在选拔队员时要注意体育特长与文化考核相结合。运动队的训练计划受学期、文化课、考试安排等方面的制约，还应考虑运动员的各个成长阶段，所以安排训练手段、运动量、强度等均应适合他们的生长发育。

（2）思想政治工作。队员思想的基本特征有：竞争心理、希望得到理解、意向务实、求新倾向、参与意识。入队前，其训练动因主要源于兴趣和羡慕，情绪不稳，缺乏义务感。入队初期，队员有较强自豪感，但依赖性强、可塑性性大。入队中后期，队员独立性增加，自我实现意识较强。因此，各个阶段都应做好队员的思想工作。要努力培养良好的集体心理气氛。队员同时处于普通班级与运动队这两个集体中，对他们的思想政治教育既有有利的一面，也有不利的一面。有利的一面是队员处于两个集体协同影响中，不利的一面是由于队员角色的转换而导致负面作用。同时，运动队内部存在不同的水平层次，其相互间心理的磨合，也是值得重视的问题。

（3）文化学习的管理。运动员要兼顾训练与文化学习，必须妥善处理两者关系。

① 教练员要定期了解队员的作业完成情况及学习成绩，对学习成绩下降或学习有困难的队员，可以减少或暂停训练，待学习成绩提高后再恢复正常训练，以体育运动训练推动学习，鼓励运动员训练学习两不误。

② 凡是学校运动队的学生，因集训和比赛所耽误的课程，任课教师应给予及时补课，管教管导。

（4）生活管理。运动队员在生活上有自由化的一面，队内应建立健全生活制度。要把运动水平搞上去，单抓运动训练是不够的，运动员面临着训练、学习、营养三方面，缺一不可，尤以营养更为重要。对运动队员的生活管理不仅使运动员在物质上得到一定的满足，更重要的是在精神上得到营养补充，使得运动员安心训练，保证训练任务的完成。

2. 教练员对运动队的管理

（1）教练员在学校运动队中的地位和作用。教练员对运动员施加多方面的影响，促进运动员的全面发展，把提高运动技术水平作为中心任务，在运动训练过程中，教练员起主导作用，他们承担着培养、训练运动员的主要任务，对运动员的成长有着十分重要的影响。

（2）教练员在运动队管理中的职责与权力。在学校这一特定环境下，教练员必须对运动员的训练、思想、学习、生活等方面负责。要完成上述各项任务，教练员必须充分履行自己的职责，另外学校也要赋予他们相应的权力。

（3）教练员对训练工作的管理。这包括选拔运动员、提出组队人选、制定各类训练计划、督促运动员全面实施训练计划、及时反馈和修改调整训练计划等。

（4）教练员要合理安排训练内容。一方面以发展专项身体训练为主，带动队员全面身体素质的发展，另一方面狠抓关键技术的突破。

第二章　如何科学锻炼身体

随着现代科学的发展，人们对体育锻炼的科学基础也有了更为深刻的认识。体育锻炼不仅与生理学有关、与心理学紧密相连，也与营养学不可分割。通过本章的学习，同学们将会了解体育锻炼的科学基础。

第一节　运动与肌肉

一、人体肌肉的结构

人体的运动是由运动系统实现的。运动系统由 206 块骨骼、400 多块肌肉及关节等构成。组成人体肌肉的基本单位是肌纤维，许多肌纤维排列成肌束，表面由肌束膜包绕，许多肌束聚集在一起构成一块肌肉。在肌肉的化学组成中，大约 3/4 是水，1/4 是固体物（包括蛋白质、能量物质、酶等），同时肌肉中有着丰富的毛细血管网及神经纤维，保证肌肉的氧气和养料供应及神经协调指挥。

二、人体肌肉的成分和运动时的收缩形式

一块肌肉由几种组织构成，其中肌肉组织和结缔组织分别构成肌肉的两种成分——收缩成分和弹性成分。肌纤维是肌肉的收缩成分，通过肌纤维的主动收缩与放松，实现各种运动。肌肉中的结缔组织是肌肉中的弹性成分，它与肌肉中的收缩成分并联或串联。当收缩成分缩短时，弹性成分被拉长而将前者释放的部分能量吸收储存起来。然后，即以弹性反作用力的形式发挥出来，以促使肌肉产生更强大的力量和更快的运动速度。

肌肉在完成各种动作时，就整块肌肉的长度来说，可以发生也可以不发生长度的变化，故将肌肉的收缩区分为多种形式，这里仅简单介绍向心肌肉收缩、等

长肌肉收缩和超等长肌肉收缩三种形式。

（1）向心肌肉收缩。向心肌肉收缩是肌肉长度发生短缩的收缩形式，在力量练习中属最普通的一种，譬如练习哑铃、沙袋、杠铃、拉力器等锻炼肌肉均属此类。

（2）等长肌肉收缩。当肌肉收缩产生的张力等于外力时，或是肌肉紧张有力维持某一种姿态时，此时肌纤维虽积极收缩，但肌肉的总长度没有改变，这种肌肉收缩称为等长肌肉收缩。肌肉处于等长收缩时，从整块肌肉外观看，肌肉长度不变，但实际上肌肉的收缩成分（肌纤维）是处在收缩中而使弹性成分拉长从而整块肌肉长度保持不变。

（3）超等长肌肉收缩。超等长肌肉收缩是肌肉先进行离心收缩后紧接着进行向心收缩的形式，譬如跳起落地紧接着再向上跳，此时股四头肌先在落地时离心收缩（被拉长），紧接着又立刻猛烈向上跳起。这种练习方法对肌肉锻炼价值颇大，又称离心向心收缩或弹性离心练习。

三、肌肉运动

1. 肌肉运动的概念

肌肉运动指的是肌肉的收缩运动，或在其基础上的特定体位运动，后生动物几乎所有的运动都属于肌肉运动。

2. 肌肉运动的形式

肌肉运动可分为以下三种主要形式：肌肉实体的组织运动、管状肌运动和骨骼肌运动。

（1）肌肉实体的组织运动：如扁形动物的躯体、软体动物的足和哺乳动物的舌等，是由纵横交错的肌纤维所构成的肌肉组织，其运动即为肌肉实体组织所引起的运动，可通过屈曲、伸展、扁平化等自由地变更体形。

（2）管状肌运动：为中空排列的肌肉组织即管状肌所进行的运动，如心脏的搏动及水母、乌贼的游泳运动，是由于快速地收缩和舒张而产生的泵作用。棘皮动物的管足运动也属此种运动。

（3）骨骼肌运动：这是在外骨骼的内面或内骨骼的外面，通过跨越可动关节的肌肉的活动而产生的运动，基于躯干和附肢的杠杆作用而进行的各种局部运动和移动运动。

 知识链接

肌肉收缩

肌肉收缩是肌肉对刺激所产生的收缩反应现象。狭义来说，肌肉收缩是指脊椎动物骨骼肌靠传播性活动电位而发生的收缩。单一的活动电位产生单收缩，反复活动电位产生强直收缩。不通过活动电位的肌肉收缩多数情况是由于非传布性的去极化而产生的，去极化如只限于局部肌肉，且为短暂性的，称为局部收缩。去极化如发生在肌肉全部而且是持续性的，则称为拘性收缩。在平滑肌等上所见到的持续性收缩一般称为痉挛，但很多仍然伴随着反复活动电位或是持续性去极化。可是在双壳贝的闭壳肌等所看到的持续性收缩并没有电位的变化，这种收缩出现于闸式结构中。

第二节 运动与能量

一、运动时能量的代谢

1. 能量代谢的概念

新陈代谢是生命最基本的特征之一，其包括物质代谢和能量代谢两个方面。机体通过物质代谢，从外界摄取营养物质，同时经过体内分解吸收将其中蕴藏的化学能释放出来并转化为组织和细胞可以利用的能量，人体利用这些能量来维持生命活动。通常将在物质代谢过程中所伴随的能量的释放、转移、储存和利用称为能量代谢。

2. 能量代谢的系统

（1）磷酸原系统（ATP-CP）。磷酸原系统是由细胞内的 ATP 和 CP 这两种高能磷化物构成的。它的特点是供能绝对值不大，持续时间很短。但是它供能快速，因为 ATP 是细胞唯一直接利用的能量来源，所以其能量输出的功率最高。在体育运动中短跑（40～60 米）、跳投、旋转、冲刺等爆发性的动作，全部依靠 ATP-CP 的储备供能。

（2）乳酸能系统（也叫无氧糖酵解系统）。乳酸能系统的能量产生是靠肌糖元的元氧酵解，最后产生乳酸，而放出的能量被 ADP（二磷酸腺昔）接收，再合成 ATP。它是在机体处于缺氧的情况下的主要能量来源。乳酸能系统对人体进行能量供应，它的作用与磷酸原系统一样，能在暂时缺氧的情况下迅速供能。如田径运动中的 400 米、800 米跑主要靠乳酸能系统来供能。

（3）有氧氧化系统。有氧氧化系统是指糖和脂肪在氧的作用下，分解成二氧化碳和水，同时生成大量的能量，使 ADP 再合成 ATP。有氧氧化系统生成丰富的 ATP，但不生成乳酸这类导致疲劳的副产品，它是人进行长时间耐力活动的主要耐力系统，如田径运动中的长跑项目、马拉松等主要靠有氧氧化系统供能。作为一般的健身跑，如 10～15 分钟或半小时跑步也要靠有氧氧化系统供能。

二、运动时能源物质的消耗与补充

人体运动时利用 ATP，但最终消耗的是糖、脂肪、蛋白质（主要是糖和脂肪）。

1. 糖与脂肪供能的特点及比例

糖和脂肪是运动中合成 ATP 的主要来源，但对于不同持续时间和强度的运动，两者的供能特点和供能比例并不相同。因为糖能进行无氧酵解和有氧代谢，而脂肪不能无氧酵解，只能进行有氧代谢，这一特点使不同运动中两者供能比例不同。影响供能比例的主要因素有以下几个。

（1）运动强度和运动持续时间。时间短、强度大的运动主要消耗的是糖，因为时间短、强度大的运动（如短跑等）主要进行的是无氧代谢过程；而持续时间长、强度较小的运动（如长跑、步行等）则脂肪的消耗比例逐渐增加。

（2）膳食的类型。从营养学观点来看，经常交换、调配合适而足量的饮食，足以能保证身体进行有效的机体活动，经常食用牛奶、肉、鱼、蔬菜、水果和粮食制品，都能满足从事力量或耐力锻炼的需要。当进行力量项目锻炼时，蛋白质和无机盐类的需要量可以略为增加。运动比赛前如食物中含糖量高一些（或称高糖膳食），有助于比赛开始后糖能源的利用，运动能力比食用普通膳食者有所提高。

2. 运动竞赛前的糖充填

在运动竞赛开始前若干天，通过调整膳食结构，使肌糖元含量增加，称糖充填（或肌糖元充填）。这对提高运动能力、取得良好成绩有重要意义。

3. 赛前饮食原则

有些同学在参加各类运动竞赛时不知如何安排饮食，有时则由于饮食不当而使运动成绩受影响。下面介绍赛前饮食的6项原则，供大家参考。

（1）赛前宜吃易消化吸收的食物，少吃脂肪类食物，以免比赛时腹部有饱胀感而影响成绩。饮食的量约8成饱即可。

（2）赛前饮食中的液体摄入量应适宜，一般和平常摄入量相同就行了。

（3）勿食刺激性食品。

（4）赛前食物的种类最好和平常相同，要为参赛者所熟悉，以符合心理因素的要求。

（5）赛前的用餐应在临赛前2～3小时进行。

（6）适当饮用咖啡和茶，有助于运动时脂肪能源的利用。

 知识链接

体育运动

体育运动是在人类发展过程中逐步开展起来的有意识地对自己身体素质进行培养的各种活动。采取了各种走、跑、跳、投及舞蹈等多种形式的身体活动，这些活动就是人们通常称作的身体练习过程。

第三节　疲劳与恢复

一、运动后能量物质的恢复

运动时体内代谢过程加强，以不断满足运动时能源的需要；运动中及运动停止后，人体会有疲劳感，能量物质需要不断进行补充与恢复，能量物质的恢复过程大致可分为三个阶段。

第一阶段是运动进行当中，恢复过程就已开始。这时机体进行运动消耗的同时也进行能量物质的恢复补充。但由于锻炼中消耗多，此时的恢复跟不上消耗的量，因此能量物质储备逐渐下降。

第二阶段是运动结束后，此时体内能量物质消耗逐渐减少，而恢复过程却不断加强，锻炼中消耗的能量物质不断得到补充，直至补充到锻炼前的原水平。

第三阶段是超级恢复阶段，能量物质恢复到原水平时并未停止，而是继续恢复补充。

在一段时间中，能量物质的恢复可超过原来储备的水平，比运动前能量物质的储备量还要多，称超量恢复。过一段时间后能量物质的储备又回到原来水平。如果经常坚持体育锻炼，体内能量物质不断消耗，而恢复能力达到更高程度，体质就不断获得增强。

二、运动后有机体的超量恢复

人体在运动中承受了超量负荷，身体内各种能量物质逐渐消耗，在运动后不仅可以恢复到原有水平，而且还会超过原来的水平，这种现象叫"超量恢复"。超量恢复的程度和运动负荷的大小有关，据国内外学者研究证明：在一定范围内运动负荷越大，能量物质消耗越多，超量恢复就越明显。只有肌肉运动达到一定程度的负荷即承受了"超量负荷"后并经过足够的休息和营养补充，"超量恢复"才会产生。"超量恢复"出现的早晚，与运动量大小、疲劳程度及营养供给有关，在身体锻炼中，运用人体超量恢复的规律来指导身体锻炼时应注意以下三种情况：

（1）一次身体锻炼时间较短且运动强度不大，不会引起机体较大的反应，超量恢复不显著。

（2）重复进行身体锻炼的间歇时间要掌握好，如果间歇时间过短，且身体又长期处在疲劳状态，对健康是不利的。另外，应正确确定两次练习之间的间歇，一般采用测心率的方法来控制。例如，练习后的心率达到140～170次/分钟，间歇时待心率恢复到100～120次/分钟再进行下一次练习较为合适。

（3）要根据各自的身体条件、年龄和锻炼基础合理地安排运动量和锻炼持续时间，既能引起机体超量恢复，又不要超过机体适应的界限。

三、运动后的营养补充

1. 糖类的补充

肝糖是运动时的主要能量来源之一，存在于肌肉和肝脏中。肌肉中的肝糖只能供给肌肉细胞使用，而肝脏中的肝糖可以以葡萄糖的形式释放到血液中，供给肌肉及身体其他器官所用。

研究显示，在运动后的 2 小时内，身体合成肝糖的效率最高。2 小时后则恢复到平常的水准，因此如果在运动后迅速补充糖类，就可以利用这段自然的高效率时段迅速地补充体内消耗的肝糖。如果下次运动是在 10～12 小时之内，这段高效率期间特别重要，因为如果错过这个时段，即使在后续的时间吃进了足够的糖类，身体可能没有足够的时间完全补充所消耗的肝糖，这就使得体内的肝糖存量一次比一次降低，越来越容易疲劳。若是下一次运动在 24～48 小时之后，即使错过这段时间，接下来只要着重于摄取高糖类的食物，仍然有足够的时间补充所有消耗掉的肝糖。

建议在运动后 15～30 分钟之内进食 50～100 克的糖类（大约是每千克体重需要补充 1 克糖类），然后每两小时再吃 50～100 克糖类。正餐及其他运动期间的饮食也应该以富含糖类的食物为主。

2. 肌肉和组织的恢复

即使是没有身体接触的运动，也会造成肌肉纤维和结缔组织的伤害。身体接触性的运动，例如篮球、足球等会造成更多的肌肉伤害。运动后迅速地补充蛋白质，有助于修复受伤的肌肉和组织，受伤的肌肉合成和储存肝糖的效率也会提高。因此，身体接触性运动或是比赛后受伤的运动员需要补充更多的糖类，也更需要把握运动后 2 小时那段高效率的恢复期间有效地补充体内所消耗掉的肝糖。

▌ 课堂阅读

体育锻炼后不要暴饮暴食

经常从事体育锻炼，可促进胃肠道的蠕动和消化液的分泌，对消化吸收机能可产生良好影响。但是，如果在体育锻炼后不注意饮食卫生，暴饮暴食，则会严重影响锻炼者的身体健康。

人体在体育活动时，支配内脏器官的交感神经高度兴奋，副交感神经的活动受到刺激。这种作用可使心脏活动加强，骨骼肌血流量增加，以保证体育锻炼时肌肉工作的需要，而胃肠道的血管收缩，血流量减少，消化能力下降。这种作用要在运动结束后逐渐恢复，如果在运动后立即进食，由于胃肠的血流减少，蠕动减弱，消化液分泌减少，进入胃内的食物无法及时消化吸收，并且储存在胃中，牵拉胃黏膜造成胃痉挛。长期不良的饮食习惯还可诱发消化道疾病。因此，在运动后应注意合理的饮食卫生。合理的饮食习惯应包括以下几点：

（1）体育锻炼后，不要急于进食，要使心肺功能稳定下来，胃肠道机能逐渐恢复后再用餐。这段时间一般为半小时，如果是下午较剧烈的体育锻炼，间隔的时间应相对更长。

（2）与体育锻炼后进食不同，体育锻炼后的补水是可行的，只要口渴，在运动后即刻，甚至在运动中即可补水。以往人们担心运动中补水会增加心脏负担，现在看来这种担心是多余的。在天气较热的情况下，大量排汗引起体内缺水，不及时补水，可能会造成机体脱水、休克等状况。所以，运动中丢失的水必须及时补充。最近的研究发现，中等强度的体育锻炼后，胃的排空能力有所加强，因此，运动后或运动中的补水是可行的。马拉松比赛途中设置了许多饮水站，也说明运动中补水是非常有必要的。

（3）补水要注意科学性，不可暴饮。体育锻炼后的补水原则是少量多次，可以在运动后每20～30分钟补水一次，每次饮水量250毫升左右，夏季时水温10℃左右，其他季节最好补充温水；饮用不同成分的饮料对人体的影响也不同，运动中排汗的同时也伴随着无机盐的流失，因此，运动后最好补充0.2%～0.3%的淡盐水，也可选用橙汁、桃汁等原汁稀释饮料，不要饮含糖量过高（大于6%）的饮料，尽可能不饮用汽水。

第四节　负荷与监控

一、体育课的运动负荷

1. 运动强度

运动强度是指单位时间内完成练习所用的力量大小和机体的紧张程度，影响运动强度的主要因素是练习时的速度和负重。如初中生 100 米快速跑，跑后即刻心率可达到 180 次/分以上，慢跑 1 分钟，心率一般在 130 次/分左右，显然前者强度大，后者强度小。在体育活动中，较大强度的项目有跑、跳、攀登等，而走、爬、投掷等的运动强度则相对较小。

2. 运动时间

运动时间是指一次体育课练习的总时间或每个练习的间歇时间，在保证一定的合理强度和密度的同时，练习时间持续的长短直接关系着运动负荷的大小。如果一节课，学生长时间处于大强度的运动之中，那么，他们的运动负荷就偏大。

3. 练习密度

练习密度是指单位时间内重复练习的次数，它在运动负荷中反映时间和数量的关系。练习密度是否合适较大地影响着学生的运动负荷，一般与运动负荷成正比。

4. 教师的教学内容、教法和组织措施

教师安排体育教学内容的难易程度是否合适，教学方法是否恰当，组织措施是否得当，讲解示范是否正确形象、生动规范等都会较大程度地影响运动负荷。如果教学中分组太少而导致学生长时间的等待，从而使运动负荷过小；如果练习的间歇时间太少，又使运动负荷过大。

5. 学生的个别差异

学生的个别差异是指学生的身体机能水平的个别差异。在体育课上，往往相同的练习对不同的学生会产生不同的影响。如快速跑完 60 米，有的学生心率达到 180 次/分以上，有的学生仅 170 次/分。

二、体育课的运动密度监控

一堂体育课的练习密度，是繁多的体育课准备工作之一，也是衡量教学效果的一个重要方面，所以说，如何准确地预计体育课的练习密度，就成了一个需要很好地加以研究和解决的问题。体育课的运动密度是指课内各项活动合理运用的时间同课的总时间及各项活动之间的比例关系。如：一节课 40 分钟，合理运动时间为 32 分钟，则该课的练习密度为 32/40×100%＝80%。课间时间我们可分为教师指导、学生练习、组织措施、观察与帮助等活动所需的时间。课间各项活动占

多少时间没有固定的比例，但从体育教学过程特点和任务出发，学生的实际练习和教师指导活动应占主要成分，力求用最少时间进行组织教学并减少其他不必要的休息时间。

科学预计一堂课（体育）的练习密度是一项较复杂、较细致的工作，它受多因素的影响。要准确地预计课的练习密度，首先，要了解情况，教师在预计课的密度前，深入调查研究，充分掌握学生情况。同时了解上课的班级教学内容和所需的场地、器材。其次，钻研教材，根据教学大纲、教学计划和教学进度，认真钻研教材，是教师预计课的练习密度工作的基本环节。改进教学方法，提高教学技巧，讲课精炼，突出重点，示范正确，练习与休息合理交替，善于运用练习法的竞赛因素，加大密度，力求增加学生的练习次数，以便科学地安排课的练习密度。体育课的练习密度是衡量教学质量的一个重要方面，合理地安排体育课的练习密度，是当前提高体育教学质量必须注意的问题。

1. 组织结构要严谨

充分利用一堂课 40 分钟的时间，必须周密考虑整节课中的各个环节来合理安排时间，使学生有较多的时间进行练习。因此，教师除对教材做到深刻的理解，必须全面考虑场地与器材的布置、分组的安排、队伍的调动，各个部分的内容选择都要根据基本部分的内容、任务和学生的实际，使之前后很好地衔接。做到从课的开始到结束部分有次序地顺利进行。

2. 突出精讲多练

精讲要正确，突出重点，层次清楚，语言精炼，才能保证有足够时间让学生多练。因此，教师必须熟悉大纲并吃透教材，还必须充分了解学生的接受能力，有的放矢地进行教学，讲解时要注意语言形象直观主动。

3. 充分运用启发式

启发式教学能激发学生学习、锻炼的积极性，是提高其分析问题和解决问题的能力途径之一。启发用得好，能使学生在最短时间明确动作要领。可以用语言启发，使学生了解动作要领；用亲自示范来启发，或可用各种教具、挂图、模型、录像等，以及教师本身动作的重点示范。

4. 多采用连续教法

教师边示范，学生边练习；教师边提示，学生边纠正。这种方法既能提高学生的注意力，又能训练反应能力。特别在准备活动进行徒手操练时，因动作一般比较简单易行，更显得实用。教师进行领做，学生跟练，不必进行示范讲解而后再做（个别复杂动作例外），既能节省时间，又能增加课堂的练习密度。

 知识链接

运动负荷

　　运动负荷也称"运动量""运动刺激"。体育课的运动负荷包括生理负荷和心理负荷两个方面。决定生理负荷大小的主要因素是练习的数量和强度。练习的数量指练习的次数、组数、时间、距离、重量等；练习的强度指练习在单位时间内用力的大小和机体紧张程度，一般以练习的密度（单位时间内重复的次数）、动作的速度、投掷的距离、所负的重量、间歇时间的长短为指标。负荷的数量和强度是互相联系和制约的。强度小，数量可增多；强度增大，数量宜减少。

第三章 常见运动损伤及处理

第一节 运动损伤

在体育运动时发生的损伤统称为运动损伤。体育运动是以增强体质、增进健康为目的的，而运动损伤将直接影响锻炼者的健康和学习、工作、生活。显然，损伤与体育锻炼的目的相悖。了解运动损伤发生的原因和发病规律，贯彻预防为主的方针，采取有效的安全措施，就能最大限度地减少或者避免运动损伤，从而保证身体健康和运动锻炼的正常进行。

一、运动损伤的原因

大学生发生运动损伤的原因是多方面的，既有锻炼者运动基础、体质水平方面的原因，也与运动项目的技术特点、技术难度及运动环境因素有关，同时与活动中的内容安排、运动量及运动强度、密度有一定的关系，概括起来主要有以下几个方面：

（1）思想麻痹大意是导致运动损伤的主要因素。例如，运动前不检查器械，预防措施不得力，好胜好奇，常在盲目和冒失行动中受伤。

（2）运动前准备活动不充分，特别是缺乏针对性的准备活动，使运动器官、内脏器官功能没有达到状态而造成损伤。

（3）运动情绪低下或在为难、恐惧、害羞、犹豫及过分紧张时发生伤害事故。有时因缺乏运动经验、缺乏自我保护能力而受伤。

（4）由于锻炼的方法不科学，盲目地增加运动负荷，提高技术难度，尤其是局部负担过重，是造成运动损伤的主要原因。另外，在身体过于疲劳，或长期局部负担过大，或身体机能状态不良时都可能引起伤害事故。

（5）如果进行体育锻炼时，组织安排不严密，就会出现拥挤混乱的情况，可能造成伤害或因为场地、器材、时间安排不合理而发生意外事故。

（6）运动环境的不佳也会引起意外伤害的事故。例如，运动场狭窄、不平整，有行人及车辆过往，器械安装不牢固，位置不恰当，运动服装或鞋不合适，气温或光线不良等都可能造成伤害。

（7）技术动作不正确，往往造成局部受力过大或身体失去平衡和控制，从而造成损害。

二、运动损伤的预防

预防运动损伤应该注意以下几方面：

（1）加强运动安全教育，克服麻痹思想，提高预防损伤的思想意识。

（2）认真做好准备工作，对可能发生损伤的环节和易伤部位，要及时做好预防措施。

（3）合理组织和安排锻炼，合理安排运动量。做练习时，防止局部运动器官负担过重。

（4）加强保护与帮助。在加强同伴间的相互保护与帮助的同时，特别要加强和提高自我保护能力。如摔倒时，立即屈肘、低头、团身滚动。由高处跳下时，用前脚掌着地，同时屈膝滚冲、弯腰、两臂自然张开，以利于保持身体平衡。

（5）加强易伤部位的锻炼。这是一种积极的预防手段，如为预防关节扭伤，应增强关节周围肌肉、韧带的力量、强度和柔韧性，以加强关节的稳定性。为防止肌肉损伤，在发展肌肉力量的同时，还应该注意发展肌肉的伸展性。

三、运动损伤的处理

常见的运动损伤主要有软组织损伤；关节、韧带扭伤；关节脱位；脑震荡、运动骨折等几个方面。

1. 软组织损伤

这类损伤可分为开放性和闭合性损伤，前者有擦伤、撕裂伤、刺伤等，后者有挫伤、肌肉拉伤，如肌肉挫伤、肌腱腱鞘炎等。

（1）擦伤。

① 原因与症状。因运动时皮肤受挫致伤。如跑步时摔倒，体操运动时身体摩擦器械受伤。擦伤后皮肤出血或组织液渗出。

② 处理。小面积擦伤，先用生理盐水洗净，后涂抹红药水，再用消毒布覆盖，最后用纱布包扎。

（2）撕裂伤。

① 原因与症状。在剧烈、紧张运动时，或受到突然强烈撞击，造成肌肉撕裂，常见的有眉际撕裂、跟腱撕裂等。开放伤顿时出血，周围肿胀。闭合伤触及时有凹陷感和剧烈疼痛。

② 处理。轻度开放伤，用红药水涂抹伤口即可；裂口大时，则需要止血和缝合伤口，必要时注射破伤风抗毒血清，以防破伤风症。如肌腱断裂，则需要手术缝合。

（3）挫伤。

① 原因与症状。因撞击器械或练习者之间互相碰撞造成挫伤。单纯挫伤在损伤处出现红肿，皮下出血，并有疼痛感。内脏器官损伤时，则会头晕、脸色苍白、心慌气短、出虚汗、四肢发凉、烦躁不安，甚至休克。

② 处理。在 24 小时内冷敷或加压包扎，抬高患者肢体或外敷中药。24 小时后，可按摩或理疗。进入恢复期可进行一些功能性锻炼。如果怀疑内脏损伤，在做临时性处理后，应立即送医院检查和治疗。

（4）肌肉拉伤。

① 原因与症状。通常在外力直接或间接作用下，使得肌肉过度主动收缩或被动拉长时引起肌肉拉伤。特别是由于准备活动不充分，动作不协调及肌肉弹性、伸展性或肌力差等更易拉伤。损伤后伤处肿胀、压痛、肌肉痉挛，触诊时可以摸到硬块。严重的肌肉拉伤会导致肌肉断裂。

② 处理。轻者可以立即冷敷，局部加压包扎，抬高患肢。如有大部分或完全断裂者，在加压包扎后，应立即送医院手术治疗。

2. 关节、韧带扭伤

（1）肩关节扭伤。

① 原因与症状。一般因为肩关节用力过猛及反复劳损所致，也有的因技术错误、违反解剖学原理而造成损伤。如投掷、排球扣球和大力发球时常出现这类损伤。其症状有压痛、疼痛，急性期有肿胀，慢性期三角肌可能出现萎缩，肩关节活动受限。

② 处理。单纯韧带扭伤，可冷敷，加压包扎。24 小时后采用理疗、按摩和针

灸治疗。出现韧带断裂时，应该立即送医院缝合和固定处理。当肩关节肿胀和疼痛感减轻后，可适当施行功能性锻炼，但是不宜过早活动，以防转入慢性期。

（2）髌骨劳损。

① 原因和症状。髌骨具有保护骨关节面、维护关节外形、传递股四头肌力量的作用，是维护膝关节正常功能的主要结构。髌骨劳损是膝关节长期负担过重或反复损伤累积而成的，也可能是一次直接外力撞击致伤。例如，篮球滑步、急停、跳高和跳远时不合理或摔倒受伤，都会导致这种损伤。

② 处理。采用中药外敷、针灸、按摩等治疗手段。平时加强膝关节肌群力量练习，例如，采用高位静力半蹲，每次都保持 3～5 分钟。病情好转时，可以逐渐增加时间，每日进行 1～2 次。

（3）踝关节扭伤。

① 原因与症状。运动中跳起落地时失去平衡，使得踝关节过度内翻或外翻致伤。在准备活动不充分、场地不平坦的情况下，很容易造成这类损伤，主要症状为伤处疼痛、肿胀，韧带损伤处有明显压痛、皮下淤血。

② 处理。受伤后，应该立即冷敷，用绷带固定包扎，并抬高伤肢，24 小时后，根据伤情采取综合治疗，如外敷伤药、理疗、按摩等，必要时作封闭疗法。待病情好转后，施行功能性练习。对严重患者，可用石膏固定。

（4）急性腰伤。

① 原因与症状。运动时，身体重心不稳或肌肉收缩不协调，引起腰部扭伤。多数因腰部受力过重，或脊柱运动时超过了正常生理范围。例如，挺身跳远时，展体过大，举重上挺时，过分挺胸塌腰等，都有可能造成腰部扭伤。其症状为疼痛，有时听到瞬间"咯咯"的响声，有时出现腰部肌肉痉挛和运动受限。

② 处理。腰部急性扭伤后，让患者平卧，一般不应该立即搬运，如果剧烈疼痛，则用担架抬进医院诊治，主要恢复手段有针灸治疗、外敷伤药或按摩。

3. 关节脱位

① 原因与症状。因受外力作用，使关节面失去正常的连接，叫关节脱位，又称脱臼。关节脱位可分为完全脱位和半脱位（或称错位）两种。严重的关节脱位，伴有关节囊撕裂，甚至损伤神经。运动中发生的关节脱位，大都是间接外力撞击所致的。

关节脱位后，常出现畸形，与健肢对比不对称，因软组织损伤而出现炎症反应，局部疼痛、压痛和关节肿胀，并失去正常活动功能，甚至发生肌肉痉挛等现象。

②处理。用长度和宽度相称的夹板固定伤肢。如果没有夹板，可将伤肢固定在自己的躯干或健肢上，防止震动，随后及时送医院治疗。必须指出，如果没有把握做整复处理时，切不可随意做整复手术，以免再度增加伤害。

4. 脑震荡

（1）原因与症状。脑震荡是指头部受到重物、硬物直接打击或撞击后，使人脑管理平衡的膜半规管、椭圆囊、球囊等感受器功能失调，以致引起意识和功能一时性障碍。在体育锻炼时，两人头部相撞或撞击硬物，或从高处跌下时头部撞地，都有可能造成脑震荡。头部受伤后立即发生意识昏迷，呼吸表浅，脉搏徐缓，肌肉松弛，瞳孔放大但对称，神经反射减弱或消失。清醒后，患者出现头痛、头晕、恶心或呕吐的症状。

（2）处理。立即让患者平卧，头部冷敷。对昏迷者可按压人中、内关、合谷穴；若呼吸发生障碍，应立即进行人工呼吸。上述处理后，出现反复昏迷或耳、鼻、口出血，两瞳孔放大又不对称时，表明病情严重，应速送医院治疗。在运送途中，要让患者平卧，头部固定，避免颠簸。

5. 运动骨折

（1）原因与症状。运动中，身体某个部位受到直接或间接的暴力撞击时，造成骨折。例如，踢足球时，小腿易发生腓骨、胫骨骨折。摔倒时，手臂直接触地，易发生尺骨、桡骨骨折等。其症状为患处即刻出现肿胀，皮下淤血，有剧烈疼痛，肢体失去正常功能，肌肉产生痉挛，有时骨折部位发生变形，移动时可以听到骨摩擦声。

（2）处理。若出现休克，则应该先进行处理，即点按人中穴，并进行人工呼吸或心肺胸外按摩。若伴有伤口出血，则应该同时实施止血和包扎并及时送往医院治疗。

第二节　运动损伤与急救

一、急救的原则

急救是指对运动中突然发生的严重损伤进行紧急的初步的临时性处理，以减轻患者痛苦，预防并发症，为转送医院进一步治疗创造条件。这对保护患者的生命安全具有十分重要的意义。

运动损伤的急救是一项极其重要的工作，如果处理不当，轻者加重损伤，导致感染，增加患者痛苦。重者致残，甚至危及生命。因此施行急救必须及时、准确、合理、有效。

急救时必须遵循如下原则：

（1）对主要损伤进行急救。现场急救比较复杂，如果同时出现多种损伤时，必须对主要损伤进行急救。如发现休克，应先施行抗休克措施，即针刺人中、内关穴并进行人工呼吸。如伴有出血时，应同时施行止血，然后再做其他损伤的处理。

（2）分工明确，判断正确。急救人员必须分工明确，并具有高度的责任感和救死扶伤的崇高品德，要临危不惧、判断正确、有条不紊地抢救，要有熟练、正确的抢救技术和丰富的临场经验。

（3）急救时必须分秒必争，当机立断，切勿犹豫不决，延误时机。待抢救有效后，尽快送医院，做进一步治疗。运送途中，应保持患者平稳、安静，消除紧张情绪，必要时继续进行人工呼吸。

二、急救的方法

1. 冷敷法

冷敷可以使得血管收缩，减少局部充血，降低组织温度，抑制神经感觉，从而有止血、止痛和减轻局部肿胀的作用。冷敷法常用于急性闭合性软组织损伤。最简单的方法是用冷水冲洗伤处后用冷毛巾敷于伤处，有条件的可以使用氯乙烷喷射。

2. 抬高伤肢法

抬高伤肢，可使得伤处血压降低，血流量减少，以达到减少出血的目的。在采用加压包扎后，仍应该注意抬高伤肢。

3. 压迫法

压迫法可以分为指压法、止血带法、包扎法等。其中，指压法包括直接指压法和间接指压法两种。

（1）直接指压法即用指肚直接压迫出血部位。但由于直接接触伤口，容易引起感染，所以最好敷上消毒纱巾后进行指压。

（2）间接指压法即用指腹压迫在出血动脉近心端的血管处，如能压迫在相应的骨头上更好，以阻断血液，达到止血目的。

（3）止血带法常用的止血带有皮管、皮带、布条、毛巾等。先将患者肢体抬高，再在患处上方缚扎止血。缚扎时最好加垫，以防缚扎太紧，造成肢体坏死，一般止血带缚扎时间不超过 3 小时。

（4）包扎法主要用绷带包扎，如环形包扎法、螺旋形包扎法、反折螺旋形包扎法、"8"字形包扎法。

4. 溺水急救方法

通常在游泳时或者儿童在水塘边玩耍时不慎掉入水中，因肌肉痉挛或游泳技术上的原因导致溺水。溺水时，水通过口鼻进入肺内，造成呼吸道阻塞，或者因吸水的刺激，引起喉部肌肉痉挛，使气体不能进出，导致窒息或昏迷，胃腹吸满水而鼓起，甚至呼吸、心跳停止。

溺水的急救方法如下：将溺水者救上岸后，立即清除口腔内异物，并迅速倒水，但不要因过分强调倒水而延误抢救时机。

（1）立即进行人工呼吸，若心跳已停止，应同时施行心脏胸外挤压。人工呼吸和心脏胸外挤压以 1∶4 的频率进行。抢救者之间应密切配合，进行积极而耐心的抢救，直到溺水者恢复自主呼吸和心跳为止。

（2）溺水者苏醒后，应立即送往医院，做进一步的检查和治疗。在送往医院途中，必要时继续进行人工呼吸。

 知识链接

急救（医学术语）

急救，即紧急救治的意思，是指当有任何意外或急病发生时，施救者在医护人员到达前，按医学护理的原则，利用现场适用物资临时及适当地为伤病者进行的初步救援及护理，然后从速送往医院。

第三节　运动性疾病与急救

运动中出现的异样身体感觉有的是正常现象，有的则是属于运动性病理状态。它们往往是由准备活动不充分、运动方法不正确、锻炼水平不高或运动负荷超出肌体承受能力等原因所致的。由于这种现象具有突发性等特点，因此有必要运用医学知识，甚至采取力所能及的医疗手段进行自我诊断并及时加以处理，以避免不必要的精神紧张或防止更严重的身体损伤。

一、延迟性肌肉酸痛

1. 原因和症状

延迟性肌肉酸痛是运动时肌肉活动量过大引起局部肌纤维及结缔组织的细微损伤，以及部分肌纤维的痉挛所致的。这种酸痛不是发生在运动结束后的即刻，而是发生在运动结束后的 1～2 天，因此称为延迟性肌肉酸痛。由于这种酸痛现象只是局部肌纤维的细微损伤和痉挛，不影响整块肌肉的运动功能，所以，酸痛后经过肌肉内部对细微损伤的修复，肌肉组织会变得更加强壮，以后同样负荷将不易再发生酸痛。

一般在运动后的 24 时之内出现肌肉僵硬、酸痛和自觉酸痛部位肿胀、有压痛等，多发生于双下肢主要伸、屈肌群，而肌肉远端和肌肉一肌腱移行处症状一般较重，严重者肌肉会发生疼痛，且以肌腹为主。24～48 时之内，酸痛达到高峰，之后可自行缓解，5～7 天消失。

2. 处理

当出现肌肉酸痛后，可采用以下几种方法减轻和缓解酸痛。

（1）热敷。对酸痛的局部肌肉进行热敷，促进血液循环及代谢过程，有助于损伤组织的修复及痉挛的缓解。

（2）伸展练习。对酸痛局部进行静力牵张练习，保持伸展状态 2 分钟，休息 1 分钟，重复进行，有助于缓解痉挛。

（3）按摩使得肌肉放松，促进血液循环，缓解肌肉痉挛和损伤修复。

（4）口服维生素 C。维生素 C 可促进结缔组织的胶原合成，有助于损伤的结缔组织的修复。

（5）针灸、电疗等对缓解酸痛也有一定作用。

3. 预防

锻炼时，要充分做好准备活动，把握运动强度及运动负荷的递进性原则，根据自身的身体状况安排锻炼负荷，尽量避免局部肌肉负担过重。锻炼后，要对主要工作的肌肉进行推拿、按摩。

二、运动性腹痛

运动性腹痛是指在运动过程中或运动结束后产生的腹部疼痛，是体育锻炼中常见的一种非创伤性运动疾病。在中长距离跑、竞走和自行车等项目中发生较多，随着运动的调整或停止，腹痛症状可以逐步缓解并消失。

1. 病因和症状

（1）胃肠痉挛。运动前饮食过量、空腹锻炼、饮食距离运动时间过近或吃了不易消化及容易产生气体的食物都可能引起胃肠痉挛，主要病症是钝痛、胀痛和阵发性绞痛。防止发生胃肠痉挛应该在饮食后 1~2 小时才可以参加较剧烈的运动，且应该选用对胃肠刺激较小的食物和饮料。

（2）肝脾区疼痛。肝痛在右肋处，脾痛在左肋处。一般是由于准备活动不足，运动开始强度较大，运动者心肌力量较差，从而引起下腔静脉血向心回流受阻，发生肝脾淤血，牵扯肝脾被膜而产生疼痛或胀痛。

（3）腹直肌痉挛。由于大量排汗丧失盐分，水盐代谢失调，加上疲劳，会引起腹直肌痉挛。

（4）腹部慢性疾病。慢性肝炎、阑尾炎、溃疡病及肠道寄生虫等腹部慢性病患者参加剧烈活动时，会由于病变牵拉、振动或供血情况变化等刺激而产生疼痛。

2. 预防与处理

运动前应该做好准备活动，运动过程中注意要用深呼吸的方法和节奏来减轻疼痛感。患有各种腹部慢性疾病的患者应该彻底治愈疾病，或在医生、教师的指导下循序渐进地进行锻炼活动。发生腹痛时可以按压疼痛部位，进行深呼吸。例如，在运动过程中要降低速度，调整运动强度，疼痛可以减轻或消失。如果疼痛仍然不减轻，反而加重，则应该停止运动，并可以服用十滴水或普苯辛 1 片/次。如果仍然不见效，则应该护送其到医院进行诊断治疗。

三、运动性贫血

血液中的红细胞数与血红蛋白低于正常值，称为贫血。因运动引起的这种血红蛋白量减少，称为运动性贫血。

运动性贫血的指数，通常以每 100mL 血液中的血红蛋白含量，以 g 为单位。通常男性的血红蛋白量低于 12g，女性的低于 10.5g。一般情况下，女性发病率高于男性。由于贫血可以引起多种不良的生理反应，危及健康，所以这部分人常常恐惧体育锻炼，特别是长跑锻炼。

1. 病因和症状

运动性贫血发病的主要原因如下。

（1）运动时，肌肉对蛋白质和铁的需求量增加，一旦需求得不到满足时，便会引起运动性贫血。

（2）运动时，脾脏释放的溶血卵磷脂能使得红细胞的脆性增加，加上剧烈运动时血流加速，容易引起红细胞破裂，致使红细胞的新生与衰亡之间的平衡遭到破坏，从而导致运动性贫血。

运动性贫血发病缓慢，其症状表现有头晕、恶心、呕吐、气喘、体力下降，以及运动后心悸、心率加快、脸色苍白等。

2. 处理

如果运动中（后）出现头晕、无力、恶心等现象时，应该适当减小运动量，必要时暂停运动，并补充富含蛋白质和铁的食物，口服硫酸亚铁，这对缺铁性贫血的治疗有明显效果。

3. 预防

遵循循序渐进和个别对待原则，调整膳食。如运动时经常有头晕现象时，应该及时诊断医治，以利于正常参加体育锻炼。

四、运动性昏迷

1. 原因和症状

由于剧烈运动或长时间运动，或疾跑后立即站立不动，或者长时间下蹲后骤然站起，使大量血液滞留下肢，回心血量减少，心脏输出血量也随之减少，使脑部突然缺血而发生昏迷。其症状为昏迷时，患者失去知觉，突然昏倒。昏倒前，感到全身软弱、头昏、耳鸣、眼前发黑。昏倒后，面色苍白、手足发凉、脉搏慢而弱、血压降低、呼吸缓慢。

2. 处理

运动性昏迷应立即使患者平卧，足略高于头部，并由小腿向大腿、心脏方向进行推摩或拍击。同时用手指点压人中、合谷等穴位，必要时让患者闻嗅氨水。如有呕吐，应将患者的头偏向一侧。如停止呼吸，应立即进行人工呼吸。轻度休克者，应由同伴搀扶慢慢走一段时间，帮助进行深呼吸，症状即可消失。

3. 预防

平时要坚持体育锻炼，增强体质，不断提高健康水平，久蹲后不能骤然起立，不要在带病或饥饿情况下参加运动，疾跑后不要立即停下来。只要遵循上述要求，运动性昏迷是可以避免的。

五、运动中暑

1. 原因及症状

中暑是发生在炎热季节的一种急性病，在高温环境中，长时间体育锻炼容易发生中暑。尤其在温度高、通风不良、头部缺乏保护、被烈日直接照射的情况下，最容易发病。主要症状是中暑早期有头晕、头痛、呕吐等现象，逐步发展为体温升高，皮肤灼热干燥，严重时可能会出现精神失常、虚脱、痉挛、心率失常、血压下降，甚至昏迷，危及生命。

2. 处理

运动中暑时，首先将患者扶到阴凉通风处休息，同时采取降温消暑手段，如解开衣服，额部冷敷使头部降温，喝点清凉饮料，并补充生理盐水或葡萄糖生理盐水等。

3. 预防

在高温炎热季节锻炼时，应适当减少运动量和锻炼时间。避免在烈日下长时间锻炼。夏天在室外锻炼时，应该戴白色凉帽，穿宽敞薄衣。在室内锻炼时，应该保持良好通风并喝有低糖含盐的饮料。

六、肌肉痉挛

1. 原因和症状

肌肉痉挛俗称抽筋，是肌肉不自主地突然性地强直收缩，并变得异常坚硬。

运动中最容易发生痉挛的肌肉是小腿腓肠肌，其次是足底的屈拇肌和屈趾肌等。

在剧烈运动过程中，由于肌肉快速连续性收缩，导致肌肉收缩与放松的协调交替破坏，特别在局部肌肉处疲劳时更容易发生肌肉痉挛。肌肉受到寒冷的刺激，或因情绪过于紧张、准备活动不够、肌肉猛力收缩或收缩与放松不协调的时候，都可能导致肌肉痉挛的发生。肌肉痉挛时，肌肉突然变得坚硬，疼痛难忍，而且不易缓解。

2. 处理

对痉挛部位的肌肉做牵引。例如，腓肠肌痉挛时，即伸直膝关节，并配合按摩、揉捏、叩打及压委中穴、承山穴、涌泉穴等，以促进痉挛缓解和消失。

3. 预防

运动前做好准备活动，对容易发生痉挛的肌肉可以事先进行按摩。夏季进行长时间运动时，要注意补充盐分；冬季锻炼时，要注意保暖。游泳下水前，应先用冷水淋浴，游泳时间不宜过长。疲劳或者饥饿时，不要进行剧烈运动。

▍课堂阅读

运动性疾病

1. 临床症状

过度训练早期表现为身体机能障碍，晚期除机能紊乱外可有形态学改变。早期临床表现常有无力、疲倦、精神不振、睡眠障碍、头晕、记忆力减退、反应迟钝等，此外也可出现胸闷、心悸、气短、食欲不佳、恶心、呕吐、腹胀等现象。晚期症状加重，异常体征及其他客观指标出现增多，此时可见体重下降，机能试验反应异常，血红蛋白下降，负荷后血乳酸增多，尿蛋白增多等。

2. 病因

过度训练发生疾病的原因，主要是运动量过大，机体不能适应，疲劳积累而成，其次是伤病后过早进行大运动量训练。其治疗在于消除病因，促使体力恢复。首先要减少运动量，特别要控制运动强度，可暂时改变训练内容，其次要保证充足的睡眠、合理的营养，可用多种维生素和对症药物，可进行理疗或按摩等，但不要完全停止体育活动。预防过度训练的措施有下列几方面：进行定期身体检查，制订适当的训练和比赛计划，保证良好的睡眠和营养；伤病时及早治疗，伤病恢复期运动量要小，以后渐增，要个别对待，还要注意外界环境变化的影响。

过度紧张是在训练或比赛时体力负担超过机体能力而产生的病理状态，常在一次训练或比赛后即刻或短时间内发病，多见于训练不足、比赛经验较少、患病和因故长期中断训练的运动员。其临床表现有急性胃肠功能紊乱、运动应激性溃疡、昏厥、急性心脏功能不全、心肌损伤、脑血管痉挛等。急性胃肠功能紊乱是较常见的一种，运动员在大强度训练或比赛后出现恶心、呕吐、头痛、头晕、面色苍白、急剧衰弱，多发生于中短距离跑、游泳、滑冰及自行车运动员中。由于运动时胃肠血管收缩，胃肠血液循环量减少，胃血管痉挛，特别是黏膜血管痉挛，可引起出血性糜烂。此时，呕吐物呈咖啡样，化验呕吐物潜血呈阳性，称为"运动应激性溃疡"。一般而言，胃肠功能紊乱和运动应激性溃疡均恢复迅速。

3. 预防保健

发生上述情况时，应使运动员安静休息，保暖，吃软食，恢复后可开始训练。昏厥可在运动中和运动到终点时出现。终点昏厥可能因"重力性休克"引起，有些昏厥可能与心脏异常有关，应密切注意并进行详细检查。昏厥时，应使运动员平卧休息，头可稍低，嗅以氨水，针刺人中穴，有条件的可给氧气吸入，静脉注入 25%～50%葡萄糖 40～60 毫升，同时注意保暖，必要时转送医院治疗。过度紧张的预防在于遵守训练的基本原则，患病时应暂时停止训练，病愈后的恢复期应避免大强度训练或参加紧张的比赛。

第四节　运动中自我监督

经常参加体育运动能使心脏机能显著提高，是增强体质、提高抗病能力的有效锻炼方法。而掌握适当的运动量则是体育锻炼的关键。运动量过小，不能起到锻炼身体的目的。运动量过大，则可能产生运动性伤病，甚至引起猝死。因此学会体育运动中的自我监督，科学地安排体育运动，是预防运动性伤病的重要措施之一。

自我监督是指体育运动参加者采用简单易行的医学检查方法对自己的健康状况和身体反应进行观察。自我监督的内容包括主观感觉和客观检查两个方面。

一、主观感觉

1. 一般感觉

经常参加运动的人，精神饱满，心情愉快，全身无不适感，工作效率高。在进行大运动量锻炼后，机体能适应，出现的自我感觉和外部征象表现为中度疲劳，如果在运动中或运动后出现重度疲劳，身体某部分出现疼痛、胸闷、心悸、呼吸不畅，这是运动过度或身体有病的预兆。

2. 睡眠

充足的睡眠能迅速消除运动后的疲劳感。正常睡眠的表现是：入睡快、睡得深，醒后感觉身心清爽，夜间睡眠时间不少于 8 小时，如果运动量过大，则入睡慢、夜间易醒、多梦、睡眠时间短、醒后仍有疲劳感等，在大运动量锻炼初期或紧张比赛时间，偶尔有几天睡眠不良，属正常现象。

3. 食欲

由于大运动量锻炼，物质能量消耗较大，此时食量应当增加，食欲良好，如果运动后不想进食，食量减少，并在一定时期内不能恢复，则表明胃肠消化和吸收机能下降，可能与运动量过大或身体机能和健康状况不佳有关。

4. 排汗量

排汗的多少与气候冷热、运动量大小、衣服厚薄等有关，身体疲劳、机能状况不良及患病时参加运动，排汗量比平时增多。如果在相同情况下，排汗量比过去明显增多，特别是夜间睡眠中出大量冷汗，说明身体极度疲劳，也可能是内脏器官患病的征兆。

二、客观检查

1. 脉搏、呼吸、血压

运动量虽大，但机体能够适应时，脉搏数达到"负荷价值阈"，即 120～140 次/分，呼吸频率明显增加，收缩压升高，三项数值保持一定的平行关系。舒张压可能稍高或下降，但如果收缩压比较高，脉搏搏动有力，仍是正常反应。当运动量过大，超过机体的耐受力，每分钟脉搏数超过 140 次，脉搏、呼吸与收缩压之间失去平行关系。如：脉搏数和呼吸频率显著增加，收缩压升高不多，舒张压明显升高，脉压差小，脉搏搏动微弱等。测晨脉对判断身体机能状况有重要意义，如果发现晨脉数比平时增多 12 次以上，则表明身体疲劳尚未消除或健康状况不良，如果晨脉数明显增多且长期恢复不到原数，原因可能是锻炼早期运动量过大。

2. 体重

在体育锻炼时期，体重的变化有一定的规律，一般是，在锻炼初期，由于体内储存的脂肪被消耗掉一部分，体重有所下降，经过一段时期的锻炼后，由于肌肉重量增加，体重随之增加。过度疲劳、锻炼过度、饮食营养不足及患慢性消耗性疾病时，由于大量肌蛋白被消耗掉，体重可呈进行性下降。因此在体育锻炼时期，定期测量体重（一周或半月一次），并将数值记下，对观察健康状况有重要意义。

3. 运动成绩

适当的运动量和正确的锻炼方法可使运动水平不断提高，处于过度疲劳状态或锻炼过度时，运动成绩反而会明显下降。

此外还应注意运动时的气候条件，尤其是高温环境对机体的影响。如果出现体温升高、头昏、头痛、烦躁、心慌、全身乏力、口渴舌干、恶心、呕吐、大量出汗等中暑先兆的表现，应迅速离开热环境，到阴凉处休息，喝些清凉饮料，口服十滴水或藿香正气水等，如状况仍不好转，则应去医院治疗。

体育运动中的自我监督，方法简便，易于普及，每个体育运动参加者都应学会这一方法，在体育运动中通过对自身进行动态的观察，来掌握适当的运动量，从而达到预防运动伤病、增强体质的目的。

 知识链接

脉搏（动脉搏动）

脉搏（英文：Pulse）为人体表可触摸到的动脉搏动。人体循环系统由心脏、血管、血液所组成，负责人体氧气、二氧化碳、养分及废物的运送。血液经由心脏的左心室收缩而挤压流入主动脉，随即传递到全身动脉。动脉为富有弹性的结缔组织与肌肉所形成的管路。当大量血液进入动脉将使动脉压力变大而使管径扩张，在体表较浅处动脉即可感受到此扩张，即所谓的脉搏。

正常人的脉搏和心跳是一致的。正常成人为 60～100 次/分，常为每分钟 70～80 次，平均约 72 次/分。老年人较慢，为 55～60 次/分。脉搏的频率受年龄和性别的影响，胎儿每分钟 110～160 次，婴儿每分钟 120～140 次，幼儿每分钟 90～100 次，学龄期儿童每分钟 80～90 次。

第四章　身心健康评估

第一节　体质健康评估概述

一、体质的基本概念

（一）体质的定义

体质是人体的质量，它是在遗传性和获得性的基础上表现出来的人体形态结构、生理功能和心理因素的综合的、相对稳定的特征。体育学科中的体质概念既受到传统中医理论的影响，又在与西方的概念对接中形成了自己的理解。

（二）体质与健康的关系

体质是健康的物质基础，健康是体质的外在表现，二者是紧密联系、不可分割的。体质与健康是一种"特质（质量）"与"状态"之间的关系。任何物质都有质量，人体的质量就是体质。同样是健康的人，体质可能千差万别。作为"特质"的体质是相对稳定的，不易改变的；作为"状态"的健康是相对不稳定的，易改变的。

根据平衡健康观对健康的定义：健康是一种动态平衡。那么，维持这种动态平衡的能力就是"体质"。因此，从体质与健康的关系角度可以认为，体质是人体维持良好健康状态的能力。"质量"与"能力"实际上并不矛盾，只是采用的定义方法不同。"质量"所采用的是一种本质定义方法，即体质从本质上说是一种质量；而"能力"所采用的是一种功能定义方法，即体质从它所发挥的作用方面来讲是一种能力。"质量"高即"能力"强，"能力"强即"质量"高，二者是统一的，并无矛盾。

二、大学生体质健康管理的现状与策略

（一）大学生体质健康管理的现状

1.《国家学生体质健康标准》简介

《国家学生体质健康标准》是体质健康管理重要组成部分，2002 年，教育部、

国家体育总局联合下发《学生体质健康标准（试行方案）》和《〈国家学生体质健康标准〉（试行方案）实施办法》。2007 年，教育部、国家体育总局在总结试行工作的基础上，根据新的形势对《国家学生体质健康标准》进行了修改和完善，正式实行《国家学生体质健康标准》（简称《标准》）和《〈国家学生体质健康标准〉实施办法》（简称《〈标准〉实施办法》）。2014 年 4 月，教育部制定了《学生体质健康监测评价办法》（简称《监测评价办法》），进一步补充和完善了体质健康管理工作，7 月再次修订了《标准》。目前，《标准》《〈标准〉实施办法》《监测评价办法》这三份文件是我国大学生体质健康管理的法规性文件。

《标准》是从身体形态、身体机能、身体素质和运动能力等方面综合评定学生的体质健康水平，是促进学生体质健康发展、激励学生积极进行身体锻炼的教育手段，是学生体质健康的个体评价标准。

2. 《标准》测试实施办法

目前，《标准》测试范围广，要求在校生人人参加体测，并将《标准》测试成绩作为学生毕业、升学的重要依据，同时也作为学生评选三好学生、奖学金的基础条件。各级政府还将本地各级各类学校实施《标准》情况纳入教育督导内容和评估指标体系，并作为对各级各类学校进行评优、表彰的基本依据，教育部每年都汇总各地上报数据进行综合分析并反馈学生体质健康状况。

3. 大学生体质健康管理存在的主要问题及原因

首先，高校在实施《标准》的过程中，学校的宣传力度不够，学生对《标准》的认识不深，往往对《标准》中测试的项目内容比较清楚，却不知其测试目的。学生年年测，思想上却不重视，应付完各项目测试了事，并不把此作为自身健康评判的依据，也没有把此作为自己锻炼的目标，完全达不到《标准》测试的效果。

其次，由于体质测试成绩与奖学金评定和毕业证书挂钩，为了获取体质测试高分，部分学生在测试的过程中弄虚作假，故测试数据的真实性得不到保证。同时，学生体质健康测试的及格率和优秀率与高校体育工作的各项评比挂钩，导致高校上报的学生体质健康测试数据存在作假现象。测试数据的失真使我们不能够正确了解学生的体质健康状况，从而不能及时、正确地采取措施干预学生的体质健康。

再次，国家实施《标准》的目的在于促进学生体质健康发展、激励学生积极进行身体锻炼。然而，《标准》测试和体育课没有太多的交叉，成绩相互不干涉，教师仅负责完成体质健康测试，对测试结果不负有责任。所以目前高校在实施《标准》过程中，重点放在了体质健康测试和数据整理上报方面，缺乏对学生进行有效的体质健康咨询指导和提高体质健康水平的干预措施。而恰恰后者是引导学生培养积极生活方式，实现学生体质健康长远发展的重要环节。

（二）大学生体质健康管理的策略

高校教育要树立"健康第一"的指导思想，切实加强体育工作，加强《标准》的宣传力度，提高大学生对《标准》的认识，促使学生树立健康观念，提高自我体质健康管理的意识和能力，建立多条宣传渠道，例如，在宣传栏、校园网开辟宣传专题、开通微信宣传频道等，大力宣传《标准》及《标准》测试方法；一年级新生发放《大学生体质健康测试指南》等宣传册，人手一册，对新生给予指导。做好宣传教育工作，让学生们认识、理解增强体质健康的先进理念和科学方法，让学生参加体育锻炼成为自觉的行动。学校还可以制定《大学生体质健康促进条例》等相关政策和措施，推动学校在公共体育课教学、体育赛事举办、阳光体育活动组织、体育场馆运营和体育社团组建等，营造出一个健康、积极向上的，能吸引大家全员参与体育锻炼的体育人文环境。

规范《标准》测试过程，提高测试数据的真实性、准确性，科学运用管理数据。制定规范的测试流程、监控流程及数据管理流程。严格按照《标准》测试的操作方法，保证测试数据的准确性。严格监督测试的全过程，杜绝学生作弊现象。同时，对测试数据进行科学管理，执行严格的数据管理程序，杜绝学校虚假数据的形成。另外，《标准》测试和评优、毕业等如何关联，如何完善？仅用奖惩制度吗？这是一个需要深入研究探讨的宗旨导向问题。

建立闭环的体质健康管理模式，有反馈有干预，才能有提高。体质健康管理是一个长期的、连续不断的、周而复始的过程，高校开展学生体质健康管理应采用"学生体质健康测试——数据采集评估——指导、干预——再测试——再数据采集评估——再指导、干预"的管理模式，经过指导干预后的测试力争在体质健康水平上有所提高，以此形成螺旋上升的趋势，从而不断提高学生体质健康水平。其管理的最大特点就是跟踪性的干预措施，高校在进行学生体质健康管理的过程中要转变重测试、评价，轻针对性指导、干预的现象。同时，在这种管理模式下逐步让学生学会如何进行自我体质健康管理，树立起"健康第一"的意识。

建立大学生体质健康网络管理服务平台，实现《标准》服务管理目标。通过网络平台不仅可以将大学生体质健康管理中的体质健康测试、体质健康评估、咨询与指导、健康干预四个环节有机地统一起来，还可实现学生体质健康测试信息发布与预约管理、学生体质健康成绩查询、体质健康教育等服务功能，真正体现《标准》的理念与目标。

转变体育教育观念，调整体育课程内容。《高等学校体育工作基本标准》指出，要将增强学生体质和促进学生健康作为学校教育的基本目标之一和重要工作内容，使学生至少学会两项终身受益的体育锻炼项目，养成良好锻炼习惯。大学体育必须改变传统的体育技能教学单一模式，认识到运动技能学习仅是学生参与体育锻炼的形式和载体。大学公共体育课教学的重心须向培养学生运动锻炼习惯倾斜，在传授学生运动技能的同时，激发学生参与体育锻炼的内在动机，在体育课程外自觉加入到自我规划的体育锻炼中。同时，适时调整公共体育教学的内容、方法和手段，对学生普遍存在的体质健康问题采取有针对性的指导和训练。

高校开展大学生体质健康管理是一项系统工程，需要各个部门的齐抓共管，学校应调动每个大学生、广大教师（尤其体育教师）、体质测试管理者、辅导员、班主任、医务工作者、管理者及学生社团、校团委、学生会、校医务所等组织的积极性，促使他们积极投入到体质健康管理和服务中，形成全员参与管理的局面；同时，须充分整合学校资源，发挥学校公共体育部、校体委、校团委、各院系体委的主导作用，从制定学校公共政策、创造支持性环境、强化院系行动、发展个人技能及调整公共体育服务方向等方面，整体推动和实施大学生体质健康管理与提升工程。

第二节　体质健康评价

一、国家大学生体质健康标准

大学生体质健康评价是高职学校体育工作的重要环节，也是学校教育评价体系重要组成部分。建立全面、科学的学生体质健康的评价体系，可使学生自身、家长、学校、社会各方面及时了解学生的身体健康状况，从而促使学生调整自己的学习和锻炼目标，并为学校和教育管理部门制定与调整体育教育政策提供科学的依据。

为贯彻落实健康第一的指导思想，切实加强学校体育工作，促进学生积极参加体育锻炼，养成良好的锻炼习惯，提高体质健康水平，教育部和国家体育总局于 2002 年 7 月正式颁布了《国家学生体质健康标准（试行方案）》（以下简称《标准》）和实施办法。经过 5 年的试点与完善，修订后的《标准》于 2007 年在全国正式全面实施。2014 年又对《标准》进行了修订，与以前的标准相比，新颁《标准》重在激励学生积极地进行身体锻炼，而不是为了测试而测试。它采用个体评价标准，能够清晰地看出学生个体差异与自身某些方面的不足，这十分有利于通过测试促进学生积极参加体育锻炼，通过锻炼改善健康状况，弥补差距，从而促进身体健康全面发展。

1.《标准》（2014 年修订）说明

为建立健全国家学生体质健康监测评价机制，激励学生积极参加身体锻炼，教育部印发《标准》（2014 年修订）要求各学校每学年开展覆盖本校各年级学生的《标准》测试工作，并根据学生学年总分评定等级。

新修订的《标准》适用于全日制普通小学、初中、普通高中、中等职业学校、普通高等学校的学生，将学生按照年级划分为不同组别，身体形态类中的身高、体重，身体机能类中的肺活量，以及身体素质类中的 50 米跑、坐位体前屈为各年级学生共性指标。

（1）《标准》是国家学校教育工作的基础性指导文件和教育质量基本标准，是评价学生综合素质、评估学校工作和衡量各地教育发展水平的重要依据。《标准》适用于全日制普通小学、初中、普通高中、中等职业学校、普通高等学校的学生。

（2）《标准》的修订，落实《国家中长期教育改革和发展规划纲要（2010—2020年）》《国务院办公厅转发教育部等部门关于进一步加强学校体育工作若干意见的通知》（国办发〔2012〕53 号）和《教育部关于印发〈学生体质健康监测评价办法〉等三个文件的通知》（教体艺〔201$〕3 号）有关要求，着重提高《标准》应用的信度、效度和区分度，着重强化其教育激励、反馈调整和引导锻炼的功能，着重提高其教育监测和绩效评价的支撑能力。

（3）《标准》从身体形态、身体机能和身体素质等方面综合评定学生的体质健康水平，是促进学生体质健康发展、激励学生积极进行身体锻炼的教育手段，也是学生发展核心素养体系和学业质量标准的重要组成部分，还是学生体质健康的个体评价。

（4）《标准》将适用对象划分为以下组别：小学、初中、高中按每个年级为一组，其中小学为 6 组、初中为 3 组、高中为 3 组。大学一、二年级为一组，三、四年级为一组。

（5）小学、初中、高中、大学各组别的测试指标均为必测指标。其中，身体形态类中的身高、体重，身体机能类中的肺活量，以及身体素质类中的 50 米跑、坐位体前屈为各年级学生共性指标。

（6）《标准》的学年总分由标准分与附加分之和构成，满分为 120 分。标准分由各单项指标得分与权重乘积之和组成，满分为 100 分。附加分根据实测成绩确定，即对成绩超过 100 分的加分指标进行加分，满分为 20 分；小学的加分指标为 1 分钟跳绳，加分幅度为 20 分；初中、高中和大学的加分指标为男生引体向上和 1000 米跑，女生 1 分钟仰卧起坐和 800 米跑，各指标加分幅度均为 10 分。

（7）根据学生学年总分评定等级，90.0 分及以上为优秀，80.0～89.9 分为良好，60.0～79.9 分为及格，59.9 分及以下为不及格。

（8）每个学生每学年评定一次，记入《国家学生体质健康标准》登记卡。特殊学制的学校，在填写登记卡时可以按规定和需求相应地增减栏目。学生毕业时的成绩和等级，按毕业当年学年总分的 50%与其他学年总分平均得分的 50%之和进行评定。

（9）学生测试成绩评定达到良好及以上者，方可参加评优与评奖；成绩达到优秀者，方可获体育奖学分。测试成绩评定不及格者，在本学年度准予补测一次，补测仍不及格的，则学年成绩评定为不及格。普通高中、中等职业学校和普通高等学校学生毕业时，《标准》测试的成绩达不到 50 分者按结业或肄业处理。

（10）学生因病或残疾可向学校提交暂缓或免予执行《标准》的申请，经医疗单位证明，体育教学部门核准，可暂缓或免予执行《标准》，并填写免予执行《国家学生体质健康标准》申请表，存入学生档案。确实丧失运动能力，被免予执行《标准》的残疾学生，仍可参加评优与评奖，毕业时《标准》成绩需注明免测。

（11）各学校每学年开展覆盖本校各年级学生的《标准》测试工作，《标准》测试数据经当地教育行政部门按要求审核后，通过"中国学生体质健康网"上传至"国家学生体质健康标准数据管理系统"。测试和数据上传时间由教育行政部门确定。

（12）本标准由教育部负责解释。

2.《国家学生体质健康标准》（2014年修订）项目及评价指标

2014年新出台的《标准》，取消了选测项目，中学生和大学生必须测长跑，初中及以上男生必须测引体向上。《标准》规定，学生毕业时，体育成绩和等级，按照毕业当年学年总分的50%加上其他学年总分平均得分的50%之和进行评定。成绩达不到50分的，按结业或肄业处理，也就是说，拿不到毕业证。

《标准》要求，初中、高中、大学学生的必测项目全部一致，为+50米跑、坐位体前屈、立定跳远、引体向上（男）、仰卧起坐（女）、1000米跑（男）、800米跑（女）。

另外，各个测试项目都设置了具体的标准，比如，50米短跑，大一、大二学生，男生超过9.1秒就为不及格，女生超过10.3秒为不及格；大三、大四学生，男生超过9.0秒为不及格，女生超过10.2秒为不及格。

二、学生体质健康监测评价办法

2014年4月21日，教育部发出通知，颁布了《学生体质健康监测评价办法》等三个文件，其目的是深化学生综合素质评价、学业水平测试和考试制度改革，系统设计和整体完善学校体育工作评价机制，督促各地政府有关部门落实发展学校体育的职责，以学校体育基本制度建设为基础，全方位促进青少年身心健康、体魄强健。

《学生体质健康监测评价办法》着重强调各地以《标准》为依据，在本行政区域内统筹开展面向全体学生的体质健康测试，逐步建立健全包括学校测试上报、部门逐级审查、随机抽查复核、动态分析预测、信息反馈公示、评价结果应用等相关制度和管理措施在内的学生体质健康监测评价体系，并着力建立"六项制度"：一是实行全体学生测试制度，二是完善上报数据审查制度，三是建立数据抽查复核制度，四是建立体质健康研判制度，五是实行监测结果公示制度，六是建立测试结果应用制度。

1. 单项指标和权重（见表 4-1）

表 4-1 单项指标和权重

测试对象	单项指标	权重（%）
高职院校各年级	体重数（BMI）	15
	肺活量	15
	50 米跑	20
	坐位体前屈	10
	立定跳远	10
	引体向上（男）/1 分钟仰卧起坐（女）	10
	1000 米跑（男）/800 米跑（女）	20

2. 体重指数（BMI）测试评分对照表（见表 4-2）

表 4-2 体重指数（BMI）测试评分对照

性别	等级	单项得分	体重指数（BMI）
男生	肥胖	60	≥28.0
	重	80	23.8～27.9
	正常	100	17.9～23.7
	低体重	80	≤17.8
女生	肥胖	60	≥28.0
	重	80	23.8～27.9
	正常	100	17.2～23.7
	低体重	80	≤17.1

注：体重指数（BMI）=体重（千克）/身高^2（米^2）。

3. 高职院校男生体质测试评分对照表（见表4-3）

表4-3　高职院校男生体质测试评分对照

等级	分	肺活量 成绩/毫升	50米 成绩/秒	立定跳远 成绩/厘米	坐位体前屈 成绩/厘米	引体向上 成绩/个	1000米跑 成绩/分·秒
优秀	100	5040	6.7	273	24.9	19	3'17"
	95	4920	6.8	268	23.1	18	3'22"
	90	4800	6.9	263	21.3	17	3'27"
	85	4550	7	256	19.5	16	3'34"
	80	4300	7.1	248	17.7	15	3'42"
良好	78	4180	7.3	244	16.3		3'47"
	76	4060	7.5	240	14.9	14	3'52"
	74	3940	7.7	236	13.5		3'57"
	72	3820	7.9	232	12.1	13	4'02"
	70	3700	8.1	228	10.7		4'07"
及格	68	3580	8.3	224	9.3	12	4'12"
	66	3460	8.5	220	7.9		4'17"
	64	3340	8.7	216	6.5	11	4'22"
	62	3220	8.9	212	5.1		4'27"
	60	3100	9.1	208	3.7	10	4'32"
	50	2940	9.3	203	2.7	9	4'52"
不及格	40	2780	9.5	198	1.7	8	5'12"
	30	2620	9.7	193	0.7	7	5'32"
	20	2460	9.9	188	-0.3	6	5'52"
	10	2300	10.1	183	-1.3	5	6'12"

4. 高职院校女生体质测试成绩对照表

表 4-4　高职院校女生体质测试成绩对照

等级	肺活量 分	肺活量 成绩/毫升	50米 等级	50米 分	50米 成绩/秒	立定跳远 等级	立定跳远 分	立定跳远 成绩/厘米	坐位体前驱 等级	坐位体前驱 分	坐位体前驱 成绩/厘米	引体向上 等级	引体向上 分	引体向上 成绩/个	1000米跑 等级	1000米跑 分	1000米跑 成绩/分·秒
优秀	100	3400	优秀	100	7.5	优秀	100	207	优秀	100	25.8	优秀	100	56	优秀	100	3'18"
	95	3350		95	7.6		95	201		95	24		95	54		95	3'24"
	90	3300		90	7.7		90	195		90	22.2		90	52		90	3'30"
良好	85	3150	良好	85	8	良好	85	188	良好	85	20.6	良好	85	49	良好	85	3'37"
	80	3000		80	8.3		80	181		80	19		80	46		80	3'44"
	78	2900		78	8.5		78	178		78	17.7		78	44		78	3'49"
	76	2800		76	8.7		76	175		76	16.4		76	42		76	3'54"
及格	74	2700	及格	74	8.9	及格	74	172	及格	74	15.1	及格	74	40	及格	74	3'59"
	72	2600		72	9.1		72	169		72	13.8		72	38		72	4'04"
	70	2500		70	9.3		70	166		70	12.5		70	36		70	4'09"
	68	2400		68	9.5		68	163		68	11.2		68	34		68	4'14"
	66	2300		66	9.7		66	160		66	9.9		66	32		66	4'19"
	64	2200		64	9.9		64	157		64	8.6		64	30		64	4'24"
	62	2100		62	10.1		62	154		62	7.3		62	28		62	4'29"
	60	2000		60	10.3		60	151		60	6		60	26		60	4'34"
	50	1960		50	10.5		50	146		50	5.2		50	24		50	4'44"
不及格	40	1920	不及格	40	10.7	不及格	40	141	不及格	40	4.4	不及格	40	22	不及格	40	4'54"
	30	1880		30	10.9		30	136		30	3.6		30	20		30	5'04"
	20	1840		20	11.1		20	131		20	2.8		20	18		20	5'14"
	10	1800		10	11.3		10	126		10	2		10	16		10	5'24"

5. 加分指标评分表（见表 4-5）

表 4-5　加分指标评分

加分	男生引体向上/个	女生 1 分钟仰卧起坐/个	男生 1000 米跑/秒	女生 800 米跑/秒
10	10	13	−35	−50
9	9	12	−32	−45
8	8	11	−29	−40
7	7	10	−26	−35
6	6	9	−23	−30
5	5	8	−20	−25
4	4	7	−16	−20
3	3	6	−12	−15
2	2	4	−8	−10
1	1	2	−4	−5

6.《国家学生体质健康标准》登记卡（高职院校样表，见表 4-6）

表 4-6　《国家学生体质健康标准》登记卡

姓名			性别			学号		
系别、班级			民族			出生日期		
单项指标	大一			二			大三		成绩
	成绩	得分	等级	成绩	得分	等级	成绩	得分	等级	得分	等级
体重指数（BMI）/（千克/米²）									
肺活量/毫升									
50 米跑/秒									
坐位体前屈/厘米									
立定跳远/厘米									
引体向上（男/个）1 分钟仰卧起坐（女/次）									
1000 米跑（男）/（分·秒）800 米跑（女）/（分·秒）									
标准分									
加分指标	成绩	附加分		成绩	附加分		成绩	附加分	
引体向上（男/个）1 分钟仰卧起坐（女/次）									

续表

加分指标	成绩	得分	成绩	得分	成绩	得分	得分	等级
1000 米跑/（男）（分·秒） 800 米跑（女）/（分·秒）								
学年总分								
等级评定								
体育教师签字								
辅导员签字								

7. 免予执行《国家学生体质健康标准》申请表（见表 4-7）

表 4-7　免予执行《国家学生体质健康标准》申请表

姓名		性别		学号	
专业班级		系别			
原因					
教学系意见					签章（字）　　年　月　日
体工部意见					签章（字）　　年　月　日

注：后附医院相关诊断证明。

 知识链接

健康评价

　　健康评价是指通过涉及健康的危险性因素分析，得出影响健康的综合因素的评价报告。健康管理者及个人能够清楚地了解个人健康状态。

第三节　心理健康评价

目前在校大学生年龄一般在 18～24 岁之间。这个年龄段正是心理各要素逐渐成熟的重要时期，自我意识、独立人格、价值体系日趋完善。同时，大学生的整体心理机能尚未完全成熟，自我控制和自我调节能力还不强，所以面临现实困境，诸如学习、考试、交友、爱情等问题时，往往会茫然不知所从，情绪波动很大，心理容易失衡。

这种不良状态如不能及时得到排解，就会引起心理体验的不适应、焦虑和紧张，长久积累容易导致心理疾病及生理病症。

一、大学生心理健康状况及特点

维护和促进大学生的心理健康，必须要了解大学生心理健康的状况。而要了解大学生心理健康的状况，既要研究大多数正常学生心理健康的状况，也要考虑到少数不正常学生存在的问题。

1. 大学生心理健康现状

随着社会生活节奏的加快和竞争的加剧，大学生的心理负荷日益加重，在学习、生活、人际交往、自我意识和升学就业等问题上遇到的挫折越来越多，苦闷、孤独、焦虑、冷漠、抑郁等对学生困扰越来越大，甚至精神崩溃、自伤、自杀、杀人等恶性事件频频发生。有数据显示，16%～25.4%的大学生存在不同程度的心理障碍，其中对学生困扰最大的以焦虑、抑郁、强迫症、神经衰弱等症状为主；较严重的心理障碍者约占 10%，严重心理异常者约占 1%，且有逐年攀升之势。

2. 大学生心理健康的特点

（1）大学生心理健康水平符合正态分布的规律。

据湖北大学等高校以心理健康的六个特征（生活态度、学习动机、自我观念、情绪状态、自控能力和人际关系）作为尺度编制问卷所进行的测试，发现接受测查的 14 个系 672 名大学生的心理健康水平，是按"中间大，两头小"的正态规律分布的，即大多数学生的心理状况是健康的，心理不健康（包括有心理问题和轻度神经症者）的学生只占少数。

上述调查还发现，大学生心理健康水平随年级上升而提高，特别是生活态度与学习动机两项，年级越高，得分越高。只有人际关系一项在各个年级之间波动较大。这说明我国大多数大学生心理的发展是健康的。

（2）大学生心理健康的主要问题是成长和发展中的矛盾。

大学时期是个人成长过程中又一次面临新的心理矛盾发生、转化而趋向成熟的时期。这个时期产生的心理矛盾，有环境适应问题，有学习问题，有人际关系问题，有自我观念问题，有恋爱和性的问题，还有进一步升学和就业的问题，这些问题是每一届大学生都会面临的。

大学生从入学开始，就面临对环境的适应。他们离开了家庭，离开了中学时熟悉的老师和同学，来到了大学这个陌生的环境。新的学校生活、新的学习秩序、新的老师和同学关系都使一年级新生感到生疏而一时难以适应，尤其是新的人际关系使他们感到难以适应。

入学后的另一个难题，是原有的自我观念面临新的挑战。在中学时，他们都是各自学校的拔尖学生，受到家庭的宠爱、学校的重视和同学们的尊重。渡过了高考难关，他们的自尊心和自信心得到加强，自感是"天之骄子"而不胜自豪。然而，进入大学以后，身处强手如林的班集体中，许多学生原来的优势不再存在。原来是班级的尖子，现在不是了；原来是中学的学生干部，现在也不是了，落差很大，产生了失落感。有的学生感到自卑，开始同别人和集体疏远；有的学生为了博得新的成功和荣誉而重新努力自我完善，加入了新的竞争行列。大学生又开始了自我观念重新调整的过程，这时正是需要心理辅导的时候。

上大学以后，在学习问题上又产生了新的心理矛盾：有的学生对所报考的学校或专业不满意；有的学生则不适应大学的教与学的方法；有的对自己的专业成绩感到不满意等。

到了三四年级，恋爱问题、择业问题等又成为引起困惑和焦虑的问题。这些问题都影响着大学生的思想和情绪，但又都是大学生成长中正常的心理问题，不属于不正常的心理障碍或心理疾病。

（3）大学生是心理障碍的高发群体。

心理障碍是心理与行为失常的总称，通常所说的精神疾病、心理异常和变态异常行为都属于心理障碍。大学生常见的心理障碍包括神经症、精神病及人格障碍等几种类型，这几种类型又可以细分为各种不同的心理疾病。

近几年来，国内许多大学应用《SCL-90 症状自评量表》对大学生的心理障碍进行测查，发现该量表所测的 10 项因子中，除躯体化一项，其他各项因子皆显著高于国内成年人的常模。这些测查结果都表明，大学生是心理障碍的高发群体。有的调查甚至认为有心理障碍的大学生竟占全体学生数的 30%～40%。这些调查认为，大学生心理健康的总体水平低于同年龄青年和正常成年人。

■ 课堂阅读

心理健康

心理健康的基本含义是指心理的各个方面及活动过程处于一种良好或正常的状态。心理健康的理想状态是保持性格完美、智力正常、认知正确、情感适当、意志合理、态度积极、行为恰当、适应良好的状态。与心理健康相对应的是心理亚健康及心理病态。心理健康从不同的角度有不同的含义，衡量标准也有所不同。

心理健康，是现代人健康不可分割的重要方面，那么什么是人的心理健康呢？人的生理健康是有标准的，一个人的心理健康也是有标准的。不过人的心理健康标准不及人的生理健康标准具体与客观。了解与掌握心理健康的定义对于增强与维护人们的健康有很大的意义。人们掌握了衡量人的心理健康标准后，以此为依据对照自己，进行心理健康的自我诊断。发现自己的心理状况某个或某几个方面与心理健康标准有一定距离，就有针对性地加强心理锻炼，以期达到心理健康水平。如果发现自己的心理状态严重地偏离心理健康标准，就要及时地求医，以便早期诊断与早期治疗。

心理健康是指一种持续且积极发展的心理状态，在这种状态下，主体能做出良好的适应，并且充分发挥其身心潜能。心理健康教育是"新健康教育"的一个重要组成部分，它以培养身心健康社会公民为目的，通过运用健康管理的方法，以校园环境、功能环境的改善为主，人文环境的改善相配合，以老师和学生两个主体，提供科学、健康、专业的指导。"新健康教育"在学校建设了专门的健康指导室（心理咨询室），配备专业的心理咨询师长期驻校，以开设心理课程和开展课外活动等方法引导学生的健康心理发展。同时，开设"亲情聊天室"，为亲情的连接打开通道，为学生们的健康成长铺就一条畅途。

二、大学生心理健康的标准

心理是否健康一般采用量表测量，其标准不是固定不变的。心理健康标准随着时代变迁、文化背景的变化而变化。大学生的普遍年龄一般在 18～24 岁，从心理学的观点来看，正处于青年中期。大学生的心理具有青年中期的许多特点，但作为一个特殊群体，大学生又不能完全等同于社会上的青年。根据我国大学生的实际情况，评判大学生的心理健康水平应从以下几个标准给予着重考虑。

1. 智力正常

智力，是人的观察力、注意力、记忆力、想象力、思维力、创造力及实践活动能力等的综合，包括在经验中学习或理解的能力，获得和保持知识的能力、迅速而成功地对新情境做出反应的能力、运用推理有效地解决问题的能力等。这是大学生学习、生活与工作的基本心理条件，也是适应周围环境变化所必需的心理保证，因此，衡量大学生的智力是否正常，关键在于其是否正常地、充分地发挥了自我效能，即有强烈的求知欲，乐于学习，能够积极参与学习活动。

2. 情绪健康

其标志是情绪稳定和心情愉快，包括的内容有：愉快情绪多于负性情绪、乐观开朗、富有朝气，对生活充满希望；情绪较稳定，善于控制与调节自己的情绪，既能克制又能合理宣泄自己的情绪，情绪的表达既符合社会的要求又符合自身的需要，在不同的时间和场合有恰如其分的情绪表达；情绪反应与环境相适应，反应的强度与引起这种情境相符合。

3. 意志健全

意志是人在完成一种有目的的活动时进行的选择、决定与执行的心理过程。意志健全者在行动的自觉性、果断性、顽强性和自制力等方面都表现出较高的水平。意志健全的大学生在各种活动中都有自觉的目的性，能适时地做出决定并运用切实有准备的方式解决所遇到的问题，在困难和挫折面前，能采取合理的反应方式，能在行动中控制情绪和言而有信，而不是行动盲目、畏惧困难、顽固执拗。

4. 人格完整

人格是个体比较稳定的心理特征的总和。心理健康的人，其人格是健全统一的，具有相对稳定性，即个人的所想、所说、所做都是协调一致的。人格完整包括人格结构的各要素完整统一；具有正确的自我意识，不产生自我同一性混乱；以积极进取的人生观作为人格的核心，并以此为中心把自己的需要、目标和行动统一起来。

5. 自我评价正确

正确的自我评价是大学生心理健康的重要条件，大学生在进行自我观察、自我认定、自我判断和自我评价时，能做到自知，恰如其分地认识自己，摆正自己的位置，既不以自己在某些方面高于别人而自傲，也不以某些方面低于别人而自卑，面对挫折与困境，能够自我悦纳，喜欢自己，接受自己，自尊、自强、自制、自爱适度，正视现实，积极进取。

6. 人际关系和谐

良好而深厚的人际关系，是事业成功与生活幸福的前提。其表现为：乐于与人交往，既有广泛而深厚的人际关系，又有知心朋友；在交往中保持独立而完整的人格，有自知之明，不卑不亢；能客观评价别人和自己，善取人之长补己之短；宽以待人，乐于助人；积极的交往态度多于消极态度，交往动机端正。

7. 社会适应正常

个体应与客观现实环境保持良好接触，既要进行客观观察以取得正确认识，以有效的办法应付环境中的各种困难，不退缩，又要根据环境的特点和自我意识的情况努力进行协调，或改变环境适应个体需要，改造自我适应环境。

8. 心理行为符合大学生的年龄特征

大学生是处于特定年龄阶段的特殊群体，大学生应具有与年龄和角色相适应的心理行为特征。心理健康的大学生精力充沛、思维敏捷、情感活跃，与之相适应，行为上应该表现为朝气蓬勃、热情洋溢、生龙活虎、反应敏捷、勇于探索、勤学好问。

心理健康的标准是一种理想尺度，它既为人们提供了衡量心理是否健康的标准，也为人们指出了提高心理健康水平的努力方向。如果每个人在自己现有基础上能够做不同程度的努力，都可追求自身心理发展的更高层次，从而不断发挥自身的潜能。大学生心理健康的基本标准，是他们能够进行有效的学习和生活。如果正常的学习和生活都难以维持，就应该及时予以调整。

 知识链接

人格（心理学术语）

人格也称个性，这个概念源于希腊语 Persona，原来主要是指演员在舞台上戴的面具，类似于中国京剧中的脸谱，后来心理学借用这个术语来说明：在人生的大舞台上，人也会根据社会角色的不同来换面具，这些面具就是人格的外在表现。面具后面还有一个实实在在的真我，即真实的自我，它可能和外在的面具截然不同。

第五章　如何建立健康的生活方式

第一节　健康危机

人活到 100 岁，这在 100 年前是不可能的。在 1900 年的时候，当时每个人平均的寿命只有 47 岁，而今天每个人的平均寿命已经延长到了大约 76 岁。以性别区分的话，女人的平均寿命是 79 岁，男人则是 72 岁。今天，在 40 岁之前所面临的死亡危机的确已经是非常小了。不过，在 40 岁以后，您就开始迈入七大致命疾病的危险区里。这些疾病的致命程度到底有多惊人呢？在我们当中，有 80%以上的人是因为它们而丧命的。

一、心脏病

由国家心血管中心组织编撰的《中国心血管病报告 2018》显示，我国心血管病率及死亡率仍处于上升阶段，据推算，我国心血管病现患人数为 2.9 亿，死亡率居首。心脏病真是够可怕的，但这个疾病到底是如何形成的？医学上心脏病的种类有很多，有先天性心脏病、风湿性心脏病、心瓣性心脏病、原发性心肌病及冠状动脉性心脏病等，其中以冠状动脉性心脏病最为常见。

后天心脏病不像感染感冒那样单纯，后天心脏病的罹患和饮食习惯有莫大的关系。不适当的饮食方式会造成血小板的沉淀，使动脉逐渐阻塞起来，并且阻碍了重要的氧与养分流到心肌部位里，当您的动脉最后被堵塞时，就表示您已经患了心脏病。心脏病患者他们甚至不知道自己的动脉已经阻塞了。这些心脏病人一旦病发，其中有三分之一比率的人会死在去医院的途中，绝无生还的概率。

二、癌症

癌症的种类可谓五花八门，最常见的有肝癌、乳腺癌、宫颈癌、食道癌、子宫癌、胰腺癌、淋巴癌、皮肤癌。

每年北美地区至少会有一百万人得接受癌症的治疗。在这些人中，有 50%的癌症患者将在 5 年内死去，这样的数据等于代表一年里，仅美国境内每天会有 1500 名癌症患者或是说每一分钟就会有一个人因癌症而死去。也可以说，世界某个角落里每三秒或四秒钟，会有一个癌症患者死去。在癌症的肆虐下，有什么可以幸免的呢？美国国家防止癌症协会表示，目前每三个美国人里就有一人将会罹患癌症。而癌症患者之中，有四分之一的比率会因此而失去生命。

对于女性而言，最令她们感到畏惧的癌症病型就属乳腺癌了。1950 年，女性罹患乳腺癌的比率是 1/20，而今天，大约每 8 位女性里就有一人罹患乳腺癌。医生估计，60 岁以上的男性当中，患前列腺癌的比率达 30%，活到 75 岁的男性当中患这个癌症的比率更是高达 50%，等于是每两个人中就有一个患前列腺癌。同时，年纪越大，癌症的危险性就越高。我们当中的多数人都认为癌症的罹患和遗传因子有关，对于有些家庭而言，情况的确是如此，但对于其他人而言，则不必然。只有 20%比率的癌症是遗传导致的，而其中又有 80%的癌症是可以控制住的。

三、中风

我们当中多数的人都会被癌症吓倒，但却不了解两性人口中因中风而死亡的比率，和乳腺癌之于女性及前列腺癌之于男性相比要有过之而无不及，更可怕的是，中风之下的存活者，多数都宁可死去。中风是造成肢体残疾的头号杀手。目前北美地区的中风存活者有 400 万人，其中有一半的人在肢体上有严重的残疾，这些中风存活患者的现象包括了瘫痪、口齿不清、视觉受损及记忆力丧失等，当然我们都不想成为一名中风的受害者。当然，中风也完全不是绝对不能避免的。

四、糖尿病

我们当中，每 20 人中就有一人最后一定会罹患上糖尿病这项疾病，糖尿病对人的健康自然是一项主要的威胁。活得愈长，罹患糖尿病的几率就愈大，最后终将无法避免成为糖尿病这项疾病的受害者。在 80 岁年龄层的人口当中，罹患糖尿病的比率高达 40%到 60%，每年有 30 万人因糖尿病而死去。

五、关节炎

全球人口当中，目前罹患关节炎的有 3000 万人。您可能会认为关节炎这种病症只会发生在老年人身上，但事实上，关节炎患者的平均年龄只有 47 岁，很难再高过这个年龄指数；同时，60 岁的人当中，有 80%的比率患有不同程度的关节炎。

六、骨质疏松症

全球人口中，有 2500 万人罹患骨质疏松症或是脆骨症的疾病，患者当中有 80%的比率是超过 50 岁以上的女性。一名女性安稳地走下购物中心，但却在同一时间，她的腰骨突然折断，然后应声而倒，可见她的骨骼是如何得脆弱。光只是走路就足以造成它们的断裂，而这种症状是从她 30 岁的时候就开始滋长了。过了 35 岁，您的骨骼就开始以每年 1%的比率流失掉骨质；而更年期更会加速骨质的流失。因此有 90%的女性在 75 岁之前就患有骨质疏松症的症状。这意味着什么呢？这表示 1/3 的 65 岁以上的女性都承受过骨质疏松症造成的脊椎骨或腰骨挫伤的痛苦。

男性也不例外，1/6 的男性人口在 80 岁以前，有过腰骨折断的经验。对于老年人而言，骨折等于是判了他（她）们的"死刑"。既不能走也不能活动，他们成天只能窝在床上，使得他（她）们当中有 1/4 的比率活不过六个月，即每 20 分钟就有一人为此而亡。不过，骨质疏松症带来的不仅是骨折，同时也会造成头骨的萎缩，因为头骨也是骨；根据一项整形手术的报告，这类骨质疏松症患者的骨质流失的结果会使得皮肤呈现松弛的现象，就好像一件尺寸过大的衣服。如果您想拥有一个长寿且充实的人生，那就必须得算计如何预防骨质疏松症的发生。

七、老年痴呆症

现在，已有专家预测，人活得愈久，罹患老年痴呆症可能性就愈大，65 岁以上的人口群中，罹患老年痴呆症的比率为 10%，而 75 岁以上的人口群中，罹患老年痴呆症的比率是 20%，超过 85 岁以上的人口群中，罹患老年痴呆症的比率则是 40%，每年因老年痴呆症而失去生命的有 10 万人。不过，这是在扣掉因老年痴呆症而成为植物人的患者之后的数据。

 知识链接

健康

　　健康是指一个人在身体、精神和社会等方面都处于良好的状态。传统的健康观是"无病即健康"，现代人的健康观是整体健康，根据世界卫生组织给出的解释：健康不仅指一个人身体有没有出现疾病或虚弱现象，还指一个人生理上、心理上和社会上的完好状态。现代养生学者宋一夫率先提出"养生之前必先修心"的理论，由此可见心理上的健康与生理上的健康一样重要，这就是现代关于健康的较为完整的科学概念。因此，现代人的健康内容包括：躯体健康、心理健康、心灵健康、社会健康、智力健康、道德健康、环境健康等。健康是人的基本权利。健康是人生的第一财富。健康是一种心态。

第二节　合理的生活方式

一、坚持合理的体育锻炼

1. 体育锻炼对身体发育的影响

　　我们可以将人体生命的全部过程大致分为三个时期，即儿童少年时期、青少年时期和中老年时期。不同时期人体生长发育的速度不同，而且每个人在其自身生长发育的不同时期，发育的速度也是不相同的。所以，虽然总的发育规律不可以改变，但是变化的速度是可以控制的。

　　（1）增加身高。

　　有学者通过横向调查和追踪调查发现，经常参加体育锻炼的青少年，其身高要高于不经常锻炼的青少年。在青春发育期，后天的因素对人体的影响比任何时候都大。青少年时期是人体生长发育的最佳时期，也是人的体型、体力和健康奠定的关键时期。实践证明，经常参加体育锻炼对身高、体重、围度、身体机能和素质等指标的可塑程度可以达到 50%到 70%。

（2）调节体重。

体育锻炼是调节体重的重要因素，可以使得身体成分明显改变，改变程度根据训练强度和时间而变化。控制体重是女大学生最感兴趣的话题之一。体重除了受先天遗传的影响，还受到新陈代谢的影响。如果人体吸收的物质（或能量）大于消耗的物质（或能量），体重就会增加，反之体重就会下降。而体育锻炼可以有效地消耗体内脂肪，避免皮下脂肪过多，增加瘦体重，从而改变体型，使得身材更加匀称。

此外，人体血浆中的瘦素是影响体重的重要物质，它是由肥胖基因编码的一种分泌性的蛋白质，其主要功能是调节人体能量代谢及体重。人血浆瘦素水平的高低与人体脂肪重量成正比，瘦素及其受体基因突变可以导致病态肥胖。有研究表明，有氧耐力训练可以有效降低锻炼者体内的瘦素水平，从而避免或者降低肥胖。

（3）对骨骼的影响。

坚持体育锻炼，可促进人体血液循环和身体代谢，确保有充足的营养物质供氧给骨骼，从而促进骨细胞生长发育，骨密质增厚。骨小梁的排列根据压力和拉力不同变得更加整齐有规律。骨表面的突起更加明显和粗糙，更有利于肌肉和韧带牢固地附在骨骼面上。科学研究和实践都表明：坚持体育锻炼的人的骨骼要比一般人粗壮、坚固和稳定，骨的抗折、抗弯、抗压和抗扭曲性都比较强，骨的承受能力和生长发育较好。

（4）对肌肉、关节和初带的影响。

实践证明，坚持体育锻炼的人的肌肉重量要比一般人增加 10%～15%，显得肌肉丰满、结实、有力、匀称、协调和有弹性。坚持体育锻炼，增强了关节周围肌肉和韧带的收缩性与弹性，同时也使得关节囊增厚，关节摩擦增加，所以关节活动显得更加灵活、敏捷、幅度大。骨骼、肌肉、关节对良好身体形态的形成起着至关重要的作用。

2. 体育锻炼对身体机能的影响

（1）改善和提高心脏血管功能。

科学的体育锻炼对心血管的结构和功能会产生不同程度的良好影响，运动时由于肌肉的紧张活动，心脏的工作量会增加，心脏毛细血管开放增多，心肌的血液供应和新陈代谢增强，增加了心肌中蛋白质和糖原的储备；心肌纤维变粗，心肌增厚，心肌的收缩力增大，心脏容量增加，从而使得心脏每搏输出量和每分输出量增加。

体育运动不仅可以提高身体对疾病的抗御能力，而且对很多心血管疾病都有防治作用。例如，冠心病、心肌梗死、高血压、低血压、动脉硬化等。这是因为体育运动能够使得心肌兴奋性提高，收缩力增强，冠状动脉扩张，心肌代谢得到改善。同时也可以减少脂肪在血管壁的沉积，保持和增加血管壁的弹性，增加管径，提高高密度胆固醇的含量，缓解动脉硬化，使得血液中纤维溶解蛋白酶的活性增强，减小血小板的黏结能力，因而减少冠状动脉血栓的形成等。

（2）改善和提高神经系统的功能。

神经系统是人体活动的最高"司令部"，人的运动是神经系统的一种反射活动，是与返回的信息形成回路的神经联系。人体在进行运动时，由感受器传入信息，通过神经中枢的反馈，再从感受器返回大脑进行改进，这种反馈促进动作技能的形成，使得动作变得更加协调准确。神经系统经常重复这个过程，能够改善神经系统的平衡性、灵活性和持久能力，达到抗疲劳、协调平衡的效能，同时提高大脑的分析、综合和判断的能力。所以练习对神经系统要求高的项目，将极大提高神经系统的功能。

坚持体育锻炼，可以使得大脑对氧的利用率从 25%增加到 32%，保证了充足的氧气，营养特质提供给神经系统，从而促进脑细胞的生长发育，使得大脑的沟和回数目增加，大脑皮层增厚，使得整个大脑重量增加，体表面扩大。

（3）促进消化系统的功能。

① 对消化系统的促进。体育运动中体内代谢活动加强，能量物质大量消耗，机体必须通过消化系统摄取营养，为运动提供动力。这就需要消化器官加强功能，更好地吸取养料，来满足机体的需要。经常进行中、小运动量的体育运动，可以促进消化系统功能更加完善。实践证明，经常参加体育锻炼的人对食物中的营养吸收得好，不容易使得热量过剩而发胖。体育锻炼能够增强腹肌，强化消化道的平滑肌，使得腹腔内的消化器官保持正常位置，能够有效预防内脏下垂和便秘。

② 对消化系统的疾病的促进。消化和吸收，是由中枢神经通过交感神经和副交感神经来起作用的。"思伤脾""气伤肝"是祖国医学对精神因素与脏腑关系的总结。任何痛苦和悲伤、忧郁和焦虑等情绪都会使得胃、脾功能下降，引起消化

功能和吸收功能紊乱，如消化不良、慢性胃炎、胃下垂、便秘，甚至溃疡等肠胃的疾病。而情绪的改变与中枢神经系统活动有直接关系，并会涉及全身各重要器官的功能。实践证明，经常参加体育运动，可以使得人精神振奋、情绪乐观，从而充满着生命活力。运动使得人忘却悲伤、抑制忧虑、急躁情绪，通过对神经系统的良好刺激作用，使得大脑皮层形成的病理兴奋灶得到某种抑制。

需要注意的是，在运动时，由于交感神经的兴奋，迷走神经的抑制，消化液的分泌会大大减少，因此在吃饭前后半个小时不宜作剧烈的运动；另外，饭前不要大量喝水，饭后和运动后切勿吃过多冷食等。

（4）改善呼吸系统的功能。

① 对肺的影响。人的肺是由肺泡组成的。人的肺有 6～7 亿个肺泡，如果将肺泡一个个摊开，其总面积为 70～100 平方米。安静时，由于人体需氧量不多，大约有5%的肺泡工作就可以满足身体对氧的需求。当进行体育锻炼时，由于肌肉活动及人体的需氧量增加，促使大部分肺泡参与工作，对保持肺泡的弹性和改善肺泡弹性十分有益。

体育锻炼时，呼吸频率加快，深度加深，增强了呼吸肌的力量，增加了肺通气量，使得呼吸器官得到了良好的锻炼和增强。经常锻炼能促进胸廓发育，增大胸围、肺活量和呼吸差，改善呼吸频率，增加呼吸深度，提高呼吸率。经常参加体育锻炼能提高机能耐酸和抗缺氧的能力。

② 对呼吸运动的调节。呼吸运动受呼吸中枢的控制，呼吸器官本身的各种感觉器传入冲动的反馈调节，骨骼肌和关节活动，温度及血液化学成分的改变，都会影响呼吸中枢的兴奋性。

经常参加体育锻炼的人，呼吸中枢的兴奋性高，对血液化学成分的改变敏感。随意停止呼吸运动的长短是评价组织呼吸强度和呼吸中枢对缺氧和二氧化碳增多的耐受的重要指标。优秀运动员随意停止呼吸的持续时间较长，而且对膈肌的控制稳定。他们在恢复呼吸时，血液的氧合作用也恢复得特别迅速。

（5）具有预防疾病、抗衰老、延年益寿的功能。

人的生长是由于人体细胞不断繁殖和细胞间质不断增多的结果。人的发育是人体细胞不断分化、器官不断发展、机体逐渐成熟、形态逐渐完善的结果。发育与生长两者是相互联系的，但前者较为复杂，并且受到各种条件的影响。人体是一个统一、完整的有机体，它由许多细胞构成，在长期的进化过程中，这些细胞已经高度分化，具有不同的结构和不同的功能，组成了各种功能的器官系统。任何科学的体育锻炼，都能促进机体的全面发展，保持内部与外界环境的平衡，延缓各器官系统功能的衰退进程，起到预防疾病、健身美体、抗衰老、延年益寿的作用。

3. 体育锻炼对心理健康的影响

体育锻炼对大学生心理健康具有促进作用。作为国家社会文化层次较高的群体，大学生是国家未来的建设者，充满活力的身心全面健康的大学生在一个国家的整体素质的提高中有着举足轻重的地位。大学时期是一个人生理和心理发展趋于成熟的关键时期，又是一个人发展过程中从不成熟到成熟过渡的最重要的阶段，现代大学生所面对的是一个知识密集、充满激烈竞争和挑战的信息时代，全面提高大学生的身体素质和心理健康势在必行。体育锻炼对大学生的心理健康的影响主要有以下几点。

（1）发掘大脑潜力，促进智能发展。

据以前研究者估计，大脑皮质共有 140 亿个神经元（V.Economo，1929），但是新的研究表明，其总数可达 500 亿个（T.P.S. Powell，1978）。每个神经元有几百到数千个突触，通过这些突触，每个神经元可和其他 6~30 万个神经元发生联系，估计大脑皮质的突触总数多达 5 万亿个。在任意给定的瞬间，大脑就有 10~100 万个化学反应发生！若将全世界的电话网络同大脑相比，前者不过只与一粒豌豆大小的大脑组织功能相当。

大量事实说明大脑具有相当大的潜能。美国麻省理工学院的一项研究估计，一个人如终生好学不倦，一生中储藏的各种知识总量可相当于数亿本书的知识含量。因此，我们要科学地开发大脑的潜能，努力提高学习的效率和效能。

（2）培养学生良好的意志品质。

意志品质是指一个人的果断性、坚韧性、自制力及勇敢顽强和主动独立等精神。意志品质既是在克服困难的过程中表现出来的，又是在克服困难的过程中培养起来的。在体育锻炼中要不断克服客观困难（如气候环境条件的变化、身体运动能力的限制或意外等）和主观困难（如疲劳、紧张、畏惧、失意等）。锻炼者越能努力克服主观、客观困难，也就越能培养良好的意志品质。

体育锻炼的内容没有固定的模式，也没有时间空间上的限制，因而具有很大的灵活性和选择性，这些特点与学生的生理和心理需要非常吻合。学生可根据自己的兴趣爱好、需要、特长和身体素质，自主地选择更适合自己特点的运动项目和控制运动量，使得人格特征更容易在运动中得到表现和发展。一些团队项目，学生们大都是进行自由组合和分组的，其中的组织与协调工作均由学生自己担任。在该过程中，同学间的感情更容易建立和加深，集体荣誉感、责任感等社会高级情感也得到锻炼和培养，同时也发展和培养学生的人际交往能力与社会适应能力。有关体育锻炼与心理健康的实验研究证明，体育锻炼对人格的培养有积极效应。

（3）提高体育锻炼兴趣，培养终身体育的意识和习惯。

体育锻炼内容丰富多样，对学生更具有吸引力。在这种轻松、自主的活动中，学生可以更多地领略和体味体育锻炼中的乐趣，愿意积极主动地参加和长期坚持，使其身心健康的发展更加协调和持久，对一些焦虑、抑郁等消极情绪的控制调节和治疗作用更为显著。更多的研究证明，运动愉快感是使得运动的心理健康效应达到最大值的一个重大因素。另外，愉悦感本身具有直接的健康效应，使得参加者更容易获得积极的心理健康状态。

温克尔等人的研究发现，参加体育活动如果能够使得参加者在其中得到娱乐，以及满足好奇心、释放竞争欲等，这种乐趣将使得参加者更加自觉、更加投入地坚持运动。如果参加者不能从中得到这种满足，体会不到愉快感，将使得他们厌倦运动，直至放弃运动。培养体育锻炼兴趣，使得参加者体会到体育运动的乐趣，提高参加者的锻炼积极性，才能对参加者内心心理活动产生强烈的积极反应，能够持之以恒，长期锻炼，从而产生长期的心理健康效应。

（4）体育运动可以调节情绪，减缓应激和增进心理健康。

心理学家认为，体育锻炼是使得中枢神经系统得到适度的激活并达到愉快水平的重要途径，适度负荷的体育锻炼能促进人体释放一种多肽物质——内啡肽，能够使得人们在进行锻炼后直接感受到舒适愉快的心情。经常从事体育运动可以转移个体的不愉快情绪和行为。通过参加自己喜欢的、适量的体育锻炼，锻炼者可从运动中体验运动愉快感，在锻炼后能产生满足感、愉悦感等积极情绪。

长期有规律的中等强度的体育锻炼有助于情绪的改善。大学生常常因为学习的压力、同学间的竞争、人际关系的复杂及对未来前程的担忧而持续产生紧张、焦虑和不安的情绪，经常参加体育锻炼可以使得这些不良情绪得到改善，心理承受能力增强。经常参加体育锻炼，可以消除疲劳、减缓应激；体育锻炼可以作为一种发泄方式，将各种烦恼、焦虑、不安等应激情绪发泄出去，从而使得心理得到平衡，增进心理健康。

4. 科学健身

（1）科学健身的基本原则。

科学健身的基本原则是体育锻炼过程中客观规律的反映，是人们在长期从事体育锻炼中的成功经验的总结和概括，是科学健身过程中必须遵循的基本要求和指导思想。

科学健身原则对锻炼者掌握体育健身知识、技能，培养锻炼兴趣，选择符合自身条件的运动项目和锻炼内容，正确使用科学方法进行锻炼具有指导作用。

科学健身教育的原则包括 7 个方面：自觉积极性原则；全面锻炼身体原则；适宜运动负荷原则；因人而异原则；循序渐进原则；持之以恒原则；安全性原则。

① 自觉积极性原则。科学健身可以促进体质的增强，但它是一个长期积累的过程，也是一个艰苦的过程。自觉积极性原则主要是指体育锻炼者，必须有明确的锻炼目的，相信"生命在于运动"的科学道理，自觉积极地参加体育锻炼。科学健身是一个自我锻炼、自我完善、克服自身的惰性、战胜各种困难的过程。同时，还要有一定的作息制度保证，把健身当作生活中补课缺少的一部分，才能奏效。

怎样才能做到自觉积极性呢？

● 要不断提高对科学健身重要意义的认识。把健身的目的与树立正确的锻炼动机联系起来，把体育健身当作学习、生活和工作的自觉需要，激发体育锻炼的主动性和自觉性，从而调动自身体育锻炼的积极性。

● 明确目的，培养兴趣。只有明确科学健身的目的才能有利于激发和发展自身对体育锻炼的兴趣。兴趣是在需要的基础上，在生活实践中逐渐形成并发展起来的。当一个人对某项体育活动发生兴趣时，就会表现出极大的主动性和自觉性，做到身心统一，积极锻炼。

● 检验效果，增强信心。效果、信心和兴趣三者的关系是成正比的，效果愈大，则信心愈足；而信心愈足，则兴趣愈浓厚。因此，在健身过程中要定期检验体育锻炼的效果，一般可以运用运动技术成绩、身体运动素质、身体形态生理指标等方面来检验。

② 全面锻炼身体原则。全面锻炼身体原则，是指在体育锻炼的过程中必须追求身心的全面协调发展，使身体、形态、机能、各种身体素质和基本活动技能及心理素质等都得到协调发展。人体是一个有机的整体，是在大脑皮层调节控制下

的统一整体，人体的各个部位、各器官系统的机能、各种身体素质和基本活动技能之间都是互相联系、互相制约的。因此必须要注重全面的身体锻炼。

怎样才能做到全面锻炼身体呢？

● 选择体育活动的内容和方法时，根据自身的兴趣爱好、专业特点及客观条件选择多样锻炼身体的内容，尽量做到全面发展。

● 在每次体育锻炼过程中，要尽量做到既能提高身体素质又能发展身体各个部位和各种基本活动能力，努力掌握多种运动技能，既不要面面俱到，也不要只进行单项运动。

● 注意全身的活动，不要局限于部位。

● 在全面锻炼身体的同时加强专业实用性体育锻炼。

③ 适宜运动负荷原则。适宜运动负荷原则是指根据每个锻炼者的实际情况，合理地确定其运动负荷和强度。

锻炼的效果大小，很大程度上取决于运动刺激的强度。弱的刺激不能引起机体机能的变化；过强的刺激，有害于健康；只有适宜的负荷和强度，才能有利于能量的恢复和超量补偿。适宜的负荷是相对的、可变的、渐进的、有节奏的，要根据锻炼者个体的具体情况而确定。

怎样才能做到合理的运动负荷呢？

● 要正确处理量和强度的关系。针对自身的健康状况及体育活动的项目特点安排好量和强度；量和强度之间一般呈反比关系，运动强度大只能维持较短的运动时间；强度适当才能维持较长的运动时间。利用量和强度之间的关系把运动控制在最佳有氧训练状态。

● 要善于控制负荷幅度。运动负荷应由小到大，逐渐提高。刚开始从事体育锻炼或中断体育锻炼后恢复锻炼时，强度宜小，运动时间宜短，密度要适当，随身体的适应而逐渐加大负荷，最好不要超越最佳有氧训练状态。

● 休息与运动要合理交替。身体机能能力的提高不仅取决于练习的时间长短和紧张程度而且取决于适当的休息，适当的休息有利于下一次练习处于良好状态，预防练习引起的不良反应。休息的方式有积极性休息和消极性休息，通常把两种方式结合起来，一般以积极性休息为主。

④ 因人而异原则。体育锻炼应从实际出发，根据每个人的具体情况及客观条件来确定锻炼的内容、负荷和方法手段等。身体锻炼要想取得理想的效果，必须

有一真实的负荷。体育锻炼的负荷一定要因人而异，锻炼者应根据自己的年龄、性别、健康状况等实际情况掌握好运动负荷。

⑤ 循序渐进原则。循序渐进原则是指体育锻炼必须遵循人体自然发展、机体适应的基本规律，从不同的主客观实际出发，合理安排运动负荷，在渐进的基础上提高锻炼水平。不少体育健身爱好者在开始进行体育锻炼时，兴趣很高，活动量也很大，但坚持了几天，就失去锻炼的热情。产生这种现象的原因之一就是没有遵守循序渐进原则。由于开始阶段活动量大，机体无法很快适应，疲劳反应过大，锻炼者受不了"苦"而放弃健身，所以应了解锻炼效果的产生并非是一蹴而就的，而是呈螺旋上升之态。因此在安排运动负荷时应注意由小到大逐步提高，其原则是：提高→适应→再提高→再适应。

⑥ 持之以恒原则。持之以恒原则是指体育锻炼必须经常性进行，使之成为日常生活中的重要内容，坚持进行长期的、不间断的锻炼。

众所周知，"生命在于运动，运动贵在坚持"。体育锻炼对人体各器官系统给予刺激，每次刺激都会促进体内异化作用的加强，加快体内物质的合成，从而使机体内部的物质得以补充、增加和积累。这种积累使机体结构和机能产生新的适应，体质就会不断增强，动作技能形成的条件反射也会不断得到强化。因此，体育锻炼贵在坚持，不能设想在短时间内取得显著效果，必须要有长久的积累。

⑦ 安全性原则。安全性原则是指在从事任何形式的体育锻炼时，都应该注意安全，尽可能避免因锻炼本身造成的运动损伤和伤害事故。这就要求合理安排体育健身计划，符合运动规律和人体发展规律，尤其要从个人实际情况出发。常见的事故原因有：锻炼初始阶段活动量过大，导致身体不适应而造成运动损伤；体育活动单一而致身体片面发展，也可能发生伤害事故。所以务必将安全放在体育锻炼的重要位置，否则体育锻炼与健身的目的背道而驰。

（2）科学健身方法。

科学健身方法是根据人体发展规律，运用各种身体练习和自然因素来发展身体的途径和方式。科学健身方法是贯彻科学健身原则，达到体育健身目的的桥梁。在运用过程中，应从实际出发，灵活运用，要注意它们可以相互补充，交替结合，但应有主有从。

① 重复锻炼法。重复锻炼法是指按动作结构顺序及相对固定条件多次反复进行某项身体练习。重复次数的多少不同，对身体的作用也不同。重复次数越多，

身体对运动反应的负荷量也越大。如果重复的次数不断地增加，可能使身体承受的负荷达到极点，乃至破坏有机体的正常状态，造成伤害。运用重复锻炼法时要制定好重复次数和间歇的时间，避免负荷过大，过早出现疲劳或不正常的生理反应。

② 间歇锻炼法。间歇锻炼法是指进行重复锻炼时两次之间应有合理的休息，是提高体育健身效果的一种常用的方法。人们认为体质增强的过程是在运动中实现的，其实，体质内部增强过程主要是在间歇中实现的，是在休息过程中取得了超量恢复。若是离开在休息中取得的超量恢复，则运动就变成对增强体质毫无意义的事情，甚至起不了作用。间歇对增强体质的作用并不亚于运动本身。

间歇锻炼时，间歇时间的长短，主要以负荷的有效价值范围为准。一般来说，负荷接近上限时，间歇时间应长些，以防止负荷继续上升，造成体力消耗过量；接近下限时，可连续进行，间歇时间应短，密度应大，后次锻炼应在前次锻炼的效果未减退时进行。倘若间歇过长，在效果消失后再进行，就失去了意义。

③ 循环锻炼法。循环锻炼法是指选定若干个练习手段，按照一定的顺序、次数、节奏及要求进行循环练习的方法。循环锻炼法所布置的各个练习点，内容要慎重搭配，动作应是已经掌握的，简单易行的，并应规定好练习的次数、规格和要求，由于各练习的动作器械不同，花样翻新，交替进行，可激发兴趣、减轻疲劳、提高密度，有显著的健身价值。

④ 连续锻炼法。从增强体质的良好效果出发，需要间歇时就停一会儿，需要连续时就接二连三地进行下去，所以不能仅讲究间歇，还要讲究连续。连续、间歇、重复都是在同一锻炼过程中实现的。连续、间歇、重复等因素各有其特有的作用，连续的作用在于持续负荷量不下降，维持在一定的水平上，使身体充分地受到运动的作用。

连续锻炼时间的长短，同样要根据负荷价值有效范围来确定，通常认为在 140 次/分钟左右心率下连续锻炼 20～30 分钟，可使机体的各个部位都长时间地获得充分的血液和氧的供应，因而能有效地发展有氧代谢能力。实践中，用于连续锻炼的主要是那些比较容易，并已为锻炼者熟悉的动作，如跑步、游泳等。

⑤ 变换锻炼法。变换锻炼法是指在体育锻炼的过程中，变换锻炼的环境、变换锻炼的内容、变换锻炼的条件、变换锻炼的节奏等，以提高锻炼效果的一种方法。此法可以有效地调节生理负荷，提高兴奋性，强化锻炼意向，克服疲劳和厌

倦情绪，以达到提高锻炼效果的目的。变换锻炼法有两种形式：一种是连续变换，另一种是间歇变换。运用连续和间歇变换法，应选择安排好变换的条件和间歇后的运动负荷。

⑥ 比赛锻炼法。比赛锻炼法是指在参与比赛条件下进行体育锻炼的方法。比赛锻炼法的特点是：有一定的情节和思想性，能引人入胜，具有竞争性和娱乐性，能使参加者积极主动地进行练习，按照规则的要求，竞争激烈、运动负荷较大，能充分发挥个人和集体的才智与创造力。运用比赛锻炼法时特别要注意避免过度兴奋和过度疲劳及不利于健康的因素，预防运动损伤。

⑦ 放松锻炼法。放松锻炼法是指在体育锻炼即将结束前，安排一些简单放松的身体练习或心理练习，促进机体较快地恢复到安静状态的方法。放松锻炼法可不拘形式，目的在于促进人体生理、心理上的放松、舒畅，消除疲劳，振奋精神，提高锻炼者的心理承受能力，培养意志品质，形成积极的、拼搏的、良好的生活态度。

▌课堂阅读

体育锻炼

体育锻炼是运用各种体育手段，结合自然力（日光、空气、水）和卫生措施，以发展身体、增进健康、增强体质、娱乐身心为目的的身体活动过程。它是群众性体育活动的主要形式，对促进人体生长发育，培养健美体态，提高机体工作能力，消除疲劳，调节情感，防治疾病，延年益寿乃至提高和改善整个民族体质，都有重要作用。其特点是群众面广，各种年龄、性别、不同职业和健康状况的人，都可根据个人情况进行适宜的锻炼。体育锻炼的形式与内容灵活多样，可独自锻炼，也可集体进行。锻炼的内容极其丰富，可分为：健身运动、健美运动、娱乐性体育、格斗性体育、医疗与矫正体育 5 类。锻炼方法多种多样，除教学和训练中常用的练习法（包括重复锻炼法、变换锻炼法、间歇锻炼法、循环锻炼法和比赛锻炼法），人们还在长期锻炼实践中，形成不拘一格的各种健身法（包括早操、工间操、生产操、库珀 12 分钟测验等）。锻炼内容和方法的确定及整个锻炼过程，都应遵循身体锻炼的原则，即有针对性，因人制宜，循序渐进，持之以恒，适宜的负荷和注意锻炼价值等。此外，如能同时运用形神结合、动静结合和内外结合等中国传统练习方法，收效会更大。

二、保持健康生活

1. 合理补充青春期所需营养

青春期是人生长发育的旺盛时期，对各种营养的需求量远远高于成年人，因此，营养问题就显得很重要。营养素的功能在于构成躯体，修补组织，供给热量，补充消耗，调节生理功能。青春期应注意以下营养素的补充。

（1）蛋白质：蛋白质是人生长发育的基础，身体细胞的大量增殖均以蛋白质为主。生长发育期的儿童和青少年对蛋白质的需要量为每天 100 克左右，男孩需要蛋白质的量略高于女孩。人体的蛋白质主要由食物供给。蛋类、牛奶、瘦肉、鱼类、大豆、玉米等食物均含有丰富的蛋白质。混合食用，可以使各类食物蛋白质互相补充，得到充分利用。

（2）热能：处于青春期的大学生所需的热能比成年人多 25%～50%，这是因为青少年活动量大，基本需要量多，而且生长发育又需要更多额外的营养素。热能主要来源于碳水化合物，即由各类食物提供。所以青少年必须保证足够的主食摄入量。

（3）维生素：人体在生长发育过程中，维生素是必不可少的。它不仅可以预防某些疾病，还可以提高机体免疫力。人体所需的维生素大部分来源于蔬菜和水果。芹菜、豆类等含有丰富的 B 族维生素；山楂、鲜枣、西红柿及绿叶蔬菜含有丰富的维生素 C，应保证供给。

（4）矿物质：矿物质是人体生理活动必不可少的营养素。尤其是处于生长发育期的青少年，需要量更大。钙、磷参与骨骼和神经细胞的形成，如钙摄入不足或钙磷比例不适当，必然会导致骨骼发育不全。另外，青少年对铁的需要也高于成年人。铁是血红蛋白的重要成分，如果膳食中缺铁，就会造成缺铁性贫血，特别是青春期女孩，每次月经要损失 50～100 毫升血，至少要补充 15～30 毫克铁。动物肝脏、蛋黄、黑木耳中含有丰富的铁。

（5）微量元素：微量元素虽然在体内含量极少，但在青少年的生长发育中起着极为重要的作用。特别是锌，我国规定每日膳食中锌的摄入量为 15 毫克。含锌丰富的食物有动物肝脏、海产品等。

（6）水：青少年活泼好动，需水量高于成年人，每日摄入 2500 毫升，才能满足人体代谢的需要。水的摄入量不足，会影响机体代谢及体内有害物质及废物的排出。如果运动量大，出汗过多，还要增加饮水量。这里讲的水的摄入量不是指喝进去的水量，而是指喝入的水量加上吃进去的食物中可以转变为水的量的总和。

2. 养成良好的生活习惯

（1）正确理解健康与生活习惯的关系。

古老健康观念，常以有无病作为分界线，无病则健康，它是建立在生物医学基础上的理论。到了 20 世纪 70 年代，现代医学研究表明：健康应包含生物、社会、环境三个方面的因素。健康应是指身体、心理、社会适应方面都处于完好状态。实际上，大多数人不同程度上处于不完全健康又没有患病的状态，在医学上称为"第三状态"。"第三状态"是健康与疾病相互转化的"中介点"。

1976 年美国布鲁姆氏提出一个决定个体或人群健康状态的公式：HS=f（E）+AcHS+B+LS。HS（Health Statuss）代表"健康状态"；"f"是一个函数；E（Environment）代表"环境"；B（Biolgical Factor）代表"生物学因素"；LS（Life Style）代表"生活习惯"；AcHS（Accessibiity to Health Service）代表"保健设施的易获得性"。由此可知环境、生物学因素、生活习惯、保健设施的易获得性是影响健康的四大因素，其中生活习惯占主导地位。有关资料表明：在美国 20 世纪 70 年代的死因中，来自卫生制度方面的原因占 10%，来自生理因素和环境因素的原因占 20%，而来自生活习惯的原因的占比则高达 50%。我国有关调查表明：我国人口死因构成中来自生活习惯的原因的占比也高达 44.7%。

狭义地说，生活习惯是指人们在日常生活中受一定社会文化、经济、宗教信仰、风俗，特别是家庭生活影响而形成的一系列生活制度、生活习惯和生活意识。营养、锻炼、休息、心理是构成良好生活习惯的主要因素。

（2）转变思想，更新观念。

随着社会的进步，旧的医学模式（生物医学模式）已经发生了根本的变化，新的医学模式（生物社会环境）得以成立。医学保健的重点也以医疗转向预防为主，防医结合的卫生保健体制。

（3）良好生活习惯的基本原则。

① 科学性。合理安排膳食食谱，做到合理营养、平衡膳食；科学地制定生活制度，做到起居有规律、劳逸相结合；科学合理布置个人居住的小环境，做到通风良好、阳光充沛。总之，使生活习惯更可靠、更全面、更紧凑。

② 针对性。生活习惯并不是一成不变的，不同的人群有不同的生活习惯，在

构建良好的生活习惯时，应根据不同的年龄特征、性别特征、职业特征、生活地域、季节变化、个人实际情况等因素，制定不同的生活习惯。

③ 可操作性。制定生活习惯时要根据社会现实及个人实际情况而定，应具有可操作性，否则，就会成为空中楼阁，成为华而不实的东西，就达不到我们预期的目标，也就没有现实意义。

（4）良好生活习惯的基本内容。

① 生活制度。应建立良好的生活制度，日常生活中的工作、学习、运动、休闲、营养要制度化、规范化，努力改进不良嗜好。

② 精神卫生。精神卫生与人体的生理活动和社会活动密切相关，客观现实的刺激和人类特有的思维活动所产生的心理活动，如思想、情感、意志和行为等，都会引起机体某种生理过程发生变化，如果这种变化破坏了机体对内对外环境的适应能力，就会导致心理过程异常而影响健康。如压抑和心理冲突可导致身体功能失调而成为致病因素。人际关系中有社交障碍的人也易发生身心疾病而影响健康。大量的临床医学实践和科学研究证明：消极的情绪可以引起人体各系统的失调，可以导致失眠、心动过速、血压升高、食欲减退、尿急、腹泻、月经失调、乳汁减少等现象。因此，要学会生存，要学会与人合作，正确处理好人际关系，学会调控情绪，善于调控自我的情绪，改善社会生活环境，经常保持喜悦、欢快的良好情绪，有利于保持充沛的精力、敏捷的思维，可提高大脑及神经系统的功能，有利于健康。

③ 科学营养。饮食营养是生活习惯的重要组成部分。营养对免疫功能也有着重要影响。如胎儿发育中的胸、胰、淋巴系统，对多数营养素的缺乏都比较敏感。但过剩的营养对身体也有不利的影响，如蛋白质不是吃得越多越好，满足修补和扩建之后，多余的蛋白质将通过尿排出体外，增加肾脏的负担，或转化为脂肪积储在体内，降低肌肉线条的明显性。故要科学平衡膳食，制定良好的膳食制度。另外，在烹调食物时还需防止营养的丢失。

④ 加强环保意识，注重环境改造。人类生活的大环境需要大家一起去改造，要增强环保意识，从我做起。人们生活的小环境通过自身的改造，得到改善。要注意居室的通风，要保持居室的情调典雅，总之，良好的环境有利于人的身心健康。

⑤ 有意识地获取更多的卫生保健服务。身体出现不适，应立即去检查，要做

到早发现、早诊断、早治疗，特别是处于"第三状态"的人群。

（5）注意劳逸结合。

作息制度是指一日内的学习工作、课余工余活动、进食、睡眠和休息在时间分配与顺序安排方面所采取的措施。制定作息制度，应根据年龄、生理和心理特点，结合教育上的要求和健康的需要制定。合理的作息制度，可以保证劳逸结合，使生理和生活的各种需要得到满足，有利于健康。故要制定科学合理的作息制度，做到自然性休息和积极性休息相结合。

 知识链接

测量心率的作用

1. 估计体温升高

人体患病伴有体温升高。体温升高 1℃，少年儿童脉搏增加 15～20 次/分钟，成人增加 10～15 次/分钟。因此，在人感到不适时，可通过测量安静时脉搏是否增加来判断身体是否发热。

2. 评定心脏功能

做同样的活动（如上楼、做广播体操等）时，心脏功能好的人心率变化较小，恢复到安静时的心率用时较短；反之，心率变化较大，恢复到安静时的心率用时较长。

3. 判断运动疲劳

运动后第二天的晨脉没有恢复到前一天的晨脉，则表示出现了运动疲劳，应减少运动量。

4. 确定运动强度

测量心率有助于掌握和控制体育锻炼过程中的运动强度，使人明确自己的运动强度是需要增大还是减小。

运动实践篇

第六章　大球运动项目

第一节　篮　球

一、认识篮球

现代篮球运动是一项以参与者主动控制球，在规则允许的情况下，尽可能将球投入对方篮筐，以进球得分数多者为胜利，兼顾竞赛与娱乐的一种对抗性团体运动项目。它起源于美国马萨诸塞州，是奥运会核心比赛项目，是以手为中心的身体对抗性体育运动。

二、篮球的演化

篮球运动是 1891 年 12 月 21 日由美国人詹姆斯·奈史密斯发明的。当时，他在马萨诸塞州斯普林菲尔德基督教青年会国际训练学校任教。由于当地盛产桃子，这里的儿童又非常喜欢玩球投入桃子筐的游戏。这使他从中得到启发，并博采足球、曲棍球等其他球类项目的特点，创编了篮球游戏。

最初篮球游戏比较简单，场地大小和参加游戏的人数没有限制。比赛队员分成人数相等的两队，分别站在球场的两端，在裁判员向球场中央抛球后，双方队员立即冲进场内抢球，并力争将球投进对方的篮筐。因为篮筐是有底的，球投中以后就留在篮子里，人必须登上专设的梯子才能将球从篮筐里取出。

随着场地设施的不断改进，篮筐取消了筐底，并改用铁圈代替，用木板制成篮板代替铁丝挡网，场地增设了中线、中圈和罚球线，比赛改由中场跳球开始。与此同时，场上比赛队员也改为每队 5 人，开始有后卫、守卫、中锋、前锋、留守等位置之分。此外，奈史密斯制定了一个不太完善的竞赛规则，共 13 个条款，其中规定不允许带球跑、抱人、推人、绊人、打人等。这大大提高了篮球游戏的趣味性，并且吸引了更多的人来参加这一游戏，从而使篮球运动很快普及到了全美国。

1892 年，篮球运动首先从美国传入墨西哥，并很快在墨西哥各地得到开展。这样，墨西哥成为除美国外，第一个开展篮球运动的国家。此后，这项运动先后传入法国、英国、中国、巴西、捷克斯洛伐克、澳大利亚、黎巴嫩等国家，在世界范围内得到了开展、普及和发展。

1895 年，美国人鲍勃盖利将篮球传入中国，1896 年天津基督教育青年会举行了我国第一次篮球游戏表演。之后在天津、北京等城市的青年会中开展起来。在 1910 年的中国首届全国运动会上，篮球首次被列为表演项目。1914 年的第二届全运会上篮球被列为男子正式竞赛项目，1924 年在第三届全运会上被列为女子正式竞赛项目。篮球自 1951 年起一直是亚运会的正式比赛项目。

1932 年国际业余篮球联合会成立，男子篮球被国际奥委会承认为奥运会正式比赛项目。1946 年，美国出现职业篮球联赛，并发展为目前的 NBA。

女子篮球运动到 20 世纪初才开展起来。1976 年，女子篮球被列为奥运会正式比赛项目。

三、篮球简规

（一）比赛场地

篮球比赛的标准场地长 28 米、宽 15 米，四条界线外至少 2 米处不得有任何障碍物，如在室内则天花板的高度应至少为 7 米。球场分中线、前场和后场，中线上的中圈和前、后场罚球区罚球线上的两个半圆半径均为 1.8 米。篮圈下面的矩形为限制区，通常称禁区。前、后场内的拱形弧线外的地区称 3 分投篮区，在拱形弧线外投篮命中得 3 分。

（二）篮球规则

1. 违例

（1）带球走违例。

当队员在场上持球时，轴心脚离开地面之前必须下球运球且球离开手。

（2）3 秒违例。

当某队在前场控制活球并且比赛计时钟正在运行时，该队的队员不得停留在对方队员的限制区内超过持续的 3 秒钟。

（3）被严密防守队员的 5 秒违例。

一名队员在场上正持着活球，这时对方队员处于积极的防守姿势，距离不超过 1 米，该队员是被严密防守的。被严密防守的队员必须在 5 秒钟内传、投或运球。

（4）8 秒违例。

进攻队必须在 8 秒钟内使球进入该队的前场。

（5）24 秒违例。

进攻队必须在 24 秒内尝试投篮，在 24 秒钟装置的信号发出前，球必须离开队员的手，而且球离开了队员的手后，必须触及篮圈或进入球篮。

（6）球回后场。

控制球的进攻队员不得使球由进攻队员传球、运球回他的后场。

2. 犯规

（1）撞人犯规。

撞人是有球或无球队员推开或移动对方队员躯干的非法身体接触。

（2）阻挡犯规。

阻挡是阻碍持球或不持球对方队员进行的非法身体接触。

（3）拉人犯规。

拉人是干扰对方队员移动自由的非法身体接触。这种接触（拉人）可能发生在身体的任何部位。

（4）推人犯规。

推人是队员用身体的任何部分强行移动或试图移动控制或未控制球的对方队员时发生的非法身体接触。

（5）双方犯规。

双方犯规是两名互为对方的队员大约同时相互发生侵人犯规的情况。

（6）违反体育道德的犯规。

根据裁判员的判断，一名队员不是在规则的精神和意图的范围内合法地试图去直接抢球，发生的接触犯规是违反体育道德的犯规。

（7）取消比赛资格的犯规。

队员、替补队员、出局的队员、教练员、助理教练员或随队人员的任何恶劣的违反体育道德的行为是取消比赛资格的犯规行为。

（8）技术犯规。

比赛的正当行为要求双方球队的成员（队员、替补队员、教练员、助理教练员、出局的队员和随队人员）与裁判员、记录台人员及技术代表（如到场）有完美和真诚的合作。每支球队应尽最大的努力去获得胜利，但胜利的取得必须符合体育道德精神和公正竞赛的要求。任何故意的不合作，或不遵守本规则的精神，应被认为是一次技术犯规。

四、如何上好篮球课

（一）服装

篮球课需要穿着背心短裤，虽可因天气等有所改变，但必须穿着运动服和运动裤。因为篮球运动移动速度快，急停、变向较多，所以最好能穿着专业的篮球鞋，可以起到保护踝关节的作用，也能在运动中体会到更舒适的脚感体验。

（二）课外资料（见表6-1）

表6-1　课外资料

书名	作者	索书号	馆藏地
篮球战术图解	（日）日高哲朗	G841.19/6005*3	金湖校区—流通库420
篮球技战术：从入门到精通	马宏奎	G841.19/7734	金湖校区—流通库420
篮球教学全图解	董海，徐野平，郑森文	G841.2/4438	金湖校区—流通库420
篮球运动系统训练	（美）布莱恩·科尔	G841.2/2427	金湖校区—流通库420
篮球运动欣赏	殷晓辉	G841/2769	金湖校区—流通库420

（三）课程目标

1. 总体目标

通过本课程的学习，使学生掌握篮球的基本的理论知识、技术和战术，提高篮球运动能力，为终身体育锻炼奠定基础。

2. 学生应达到的具体职业能力目标

通过篮球课程的学习和锻炼，提高学生有氧代谢能力，改善心肺功能，增强四肢和躯干的肌肉力量，提高身体的协调性和平衡能力，促进学生身体全面发展。

通过教学，使学生掌握体育锻炼的基本方法，培养学生对身体机能进行评价和指导科学锻炼身体的能力。

结合篮球运动的特点，培养学生爱国主义、集体主义的思想品德，树立科学的世界观、人生观、价值观，培养学生勇于拼搏、机智灵活、勇敢顽强的精神。

（四）教学内容及过程

（1）教学内容：准备姿势、移动、传球、运球、投篮、持球突破、防守、抢篮板球、篮球比赛。

（2）教学过程：第一阶段，利用演示法、讲解法、示范法来学习篮球的基本技术知识和篮球理论知识；第二阶段，利用讲解法、示范法、分解练习法、小组学习法来学习篮球的各项基本技术动作；第三阶段，利用分组教学法，进行分组篮球教学比赛来提高篮球技术动作的准确性和熟练性，同时提高将单一技术动作融入实际比赛中的能力。

（五）成绩评定

（1）平时成绩占30%（含出勤和平时课堂表现情况）。标准：请假一次扣2分，旷课一次扣5分，迟到、早退一次扣1分。

（2）体质健康测试成绩占40%。标准：参照国家体质健康测试标准。

（3）技能测评占30%（期末最终篮球技术考试）。罚球线定点投篮（占15%）：投中7个以上（含7个）得100分，7个以下每减少1个得分减15分；全场一分钟往返运球上篮（占15%）：投中6个以上（含6个）得100分，6个以下每少一个得分减少15分。两个技能考试均在得分基础上参考技能最后给出综合得分。

（六）注意事项

（1）在课堂教学过程中，听从教师安排，注意安全。

（2）学习动作时，遵循循序渐进原则，由简至难，由徒手至持球，由无对抗至有对抗，由对抗弱至对抗强。

（3）学会动作后注意观察细节，做到精益求精。提高动作的稳定性，增加球感。

（4）学习战术和进行教学比赛时，需要同学们协同配合，积极参与。

小贴士　　　　　　　　篮球运动的特点

1. 对抗性

篮球运动持续时间可长可短，但需要参与者快速奔跑、突然与连续起跳、敏捷反应与力量抗衡。

2. 集体性

篮球运动不仅要求运动员具有技战术能力，以及在比赛中表现出的智慧、胆略、意志、活力与创造力，运动员也必须具备勇敢顽强的斗志和团结协作的精神。

3. 观赏性

篮球比赛中，可以欣赏到娴熟的运球、巧妙的传球、准确的投篮、机智的抢断、精彩的扣篮和出奇的封盖，再加上攻守交错、对抗变换，从而使比赛双方斗智斗勇，球场形势变化富有戏剧性，能使参与者和观看者得到心理的满足和愉悦。

4. 趣味性

篮球运动简单易行，趣味性很强，可以因人、因地、因时、因需而异。通过变换各种活动方式，篮球运动更加方便与吸引人们的参与，以达到活跃身心、健身强体的目的，进而提高社会的文明氛围，充实人们业余文化娱乐生活。

5. 健身性

人们通过参与篮球运动，既可以强身健体，也可以使个性、自信心、审美情趣、意志力、进取心、自我约束等能力都有很好的发展，也有利于培养团结合作、尊重对手、公平竞争的道德品质。

第二节　排　球

一、认识排球

排球是球类运动项目之一，球场呈长方形，中间隔有高网，比赛双方（每方6人）各占球场的一方，球员可以用身体任何部位（手、手臂为主）把球从网上空打来打去，使球不落地。排球运动使用的球，用羊皮或人造革做壳，橡胶做胆，大小和足球相似。

二、不可不知的排球

排球运动起源于美国，是 1895 年美国马萨诸塞州（旧称麻省）霍利约克市，一位叫摩根（威廉·G·摩根）的体育工作人员发明的。当时网球、篮球很盛行。摩根先生认为篮球运动太激烈，而网球运动量又太小，他想寻求一种运动量适中，又富于趣味性，男女老少都适宜的室内娱乐性项目，就想把当时已广为流行的网球搬到室内，在篮球场上用手来打。这种游戏开始时，他将网球网挂在篮球场上，用篮球隔网像打网球一样打来打去进行游戏。但室内篮球场面积较小，排球容易出界，于是他做了某些改进：第一，把网球允许球落地后再回击的规则改为不许落地；第二，改变排球外形，其圆周改为 25～27 英寸（1 英寸≈2.54 厘米），质量为 225～340 克；第三，篮球太大、太重，不能按预想的方式进行游戏，便改用篮球胆，而篮球胆又太轻，在空中飘忽不定，玩起来不方便，难于控制。但因经过试用效果很好，就决定采用这种球。国际标准用球虽历经百年，进行了千百次的改进，但球的规格和第一代的球几乎差不多。

三、排球的发展轨迹

美国创始了排球运动后，通过教会的传播和美国军队的军事活动，逐渐把排球运动传播到世界各地。

排球 1900 年第一次传入加拿大，同年传入亚洲的印度。

1905 年传入古巴，1909 年传入波多黎各，1912 年传入乌拉圭，1914 年传入墨西哥，1917 年传入巴西。

1905 年传入中国，1908 年传入日本，1910 年传入菲律宾。并且在亚洲发展过程中先后经历了 16 人制、12 人制、9 人制的比赛形式及相应规则，直到 20 世纪 50 年代初才正式开展 6 人制排球运动。

相对于美洲和亚洲，欧洲到了 1914 年才因为第一次世界大战被美军带入。而排球运动传入非洲的时间是最晚的，1923 年才慢慢进入埃及、摩洛哥等国。

四、6 人制排球比赛简规

（一）场地设施

1. 场地要求

排球比赛场地为 18 米×9 米的长方形，四周至少有 3 米空地，场地上空至少高 7 米内不得有障碍物。国际排协世界级及正式比赛，无障碍区自边线以外至少 5 米，自端线以外至少 8 米，无障碍的比赛空间自地面以上至少 12.5 米没有障碍物。场中间横画一条线把球场分为相等的两个场区。所有线宽均为 5 厘米。

2. 球网

场地中线上空架有球网。网宽 1 米，长 9.50 米，挂在场外两根圆柱上。女子网高 2.24 米，男子网高 2.43 米。球网两端垂直于边线和中线的交界处各有 5 厘米宽的标志带，在其外侧各连接一根长 1.80 米的标志杆。

3. 球

球的圆周为 65～67 厘米，质量为 260～280 克，气压为 0.40～0.45 千克力/平方厘米（1 千克力/平方厘米≈98000 帕斯卡）。

（二）球员规定

1. 二传手

二传手的职责在于组织全队的进攻，他们负责在二传时将球送至让攻手最适宜扣球的位置。移动快速、传球精准是一个二传手的必备素质。在某些时候二传手也必须扮演攻击手角色，所以除了练习举球技巧，二传手也必须具备些许长球攻击能力，所以一位优秀的二传手的训练与养成也是相当辛苦的，可以说一个好的二传手是整支队伍的灵魂。

2. 自由人

自由人是专职防守的球员，负责救球。通常自由人具有全队最快的反应速度和最好的一传技术。由于自由人不可以在网前进攻或防守，在比赛中被指定为自由人的球员不可以担任其他位置。自由人的替换次数是不受限制的，但两次的替换之间必须隔一次死球，而且只能由被替换下场者将其替换下场。自由人同一局比赛中的两次上场可以替换不同的球员。每一局开始前，自由人不得先进场，必须等第二裁判核对先发球员后才可替换进场。

3. 副攻手

副攻手是经常在靠近二传手的位置打出快攻的球员。副攻手专职拦网，因为他们必须阻挡来自对方副攻手的快攻，并且需要从中间向两边快速移动以组织双人拦网。通常副攻手是队中身高最高的球员，且要求有很好的防守技术。

4. 主攻手

主攻手是在靠近标志杆的位置进攻的球员。由于大多数传向主攻位置的球都是高球，因此主攻手往往采用很长的助跑，有时甚至从边线外开始助跑。在进攻中主攻手通常依靠强力扣杀得分，但有时也要求以斜线助跑和快攻来扰乱对方的防守。主攻手还需要掌握一传技术，因为在对方发球时他们通常作为自由人以外的第二个一传点。惯用右手的主攻手最适合在 4 号位（前排左侧）进攻，相对的，惯用左手的主攻手最适合在 2 号位（前排右侧）进攻。

5. 规定

比赛中只有场上队长可向裁判员提出询问或要求解释规则。

如果教练员或队员有非道德行为表现，裁判员将出示黄牌给予警告，如再犯将出示红牌，判罚该队失发球权或对方得 1 分。

如有辱骂裁判员或对方队员等严重犯规者，将取消其该局或全场比赛资格。

每局比赛前，教练员必须将上场阵容位置表交给记录员或第二裁判员，不得更改。

每队上场 6 人，站成两排，从左至右，前排为 4、3、2 号位，后排为 5、6、1 号位。

在发球时，双方队员都必须按规定位置站好，否则将被判失发球权或对方得 1 分。

6. 换人

比赛成死球时，教练员和队长可向裁判员请求暂停或换人。

每次暂停不得超过 30 秒。

1 局比赛每队可要求两次暂停。

每队在 1 局比赛中，换人最多不得超过 6 人次。

7. 技术规定

（1）发球。

获得发球权的一方须先轮转，1 号位队员在裁判员鸣哨后 8 秒钟内将球击出。

发球离手后，如果球在中途触及发球队场上队员、标志杆、其他障碍物，发球不过网或球落在对方界外均为发球失误，失发球权。

在本队未失误前，发球队员连续发球。

（2）触球。

队员可用身体任何部位触球，但不得停留，如出现捞、捧、推、掷球的情况则被判为持球。

每队最多触球 3 次（拦网除外），如果 1 个队员连续触球多于 1 次（拦网除外），被判为连击。

同队 2 个队员同时触球算作 2 次触球。

（3）进攻性击球。

直接向对方场区的击球为进攻性击球。

前排队员可在本场区对任何高度的球作进攻性击球。

后排队员在进攻线前的前场区只能作整个球体不高于球网上沿的进攻性击球，但在进攻线后起跳则可击任何高度的球。

（4）过网。

队员不得过网击球，但击球点在本场区，球离手后手随球过网不判过网犯规。

对方击球前，拦网队员手触及对方场区上空的球，判拦网队员过网犯规。

当对方队员击球后，许可在对方场区拦网。

（5）过中线。

队员身体任何部位越过中线触及对方场区地面即判过中线犯规。

但一脚或双脚的一部分踏过中线，而另一部分踏在中线上或在中线上空则不判犯规。

（6）拦网。

只准前排队员进行单人或集体拦网。

在 1 次拦网中，球可连续触及 1 个或几个拦网队员的手、头或腰部以上身体任何部位均算 1 次拦网。

拦网后本队可再击球 3 次。拦网手触球后，球落界外为触手出界，判失误。

五、如何上好排球课

（一）服装

排球运动发展到今天，已经有非常专业的专项服装和鞋子。不过作为上体育课如果没有专业装备，也可以穿普通运动短袖和运动裤即可，鞋子可以选择排球鞋或其他运动鞋。

（二）课外资料（见表6-2）

表6-2　排球课外资料

书名	作者	索书号	馆藏地
排球教学与训练	刘云民，王恒	G842.2/0217	金湖校区—流通库420
排球	何维彦，谢大伟，孙成	G842/2120	金湖校区—流通库420
排球技术与战术教练指导手	（美）雷诺（Reynaud，Cecile）	G842.19/1034	金湖校区—流通库420
排球	谭世文、刘智华	G842/3140	金湖校区—流通库420

（三）课程目标

（1）能了解和应用排球健身基本的理论知识。

（2）了解和掌握排球七大类技术、五种战术和教学比赛健身锻炼方法。

（3）增强身体素质，树立终身体育观念。

（4）形成积极向上的良好心理品质，发展人际交往与合作精神。

（四）教学内容及过程

（1）教学内容：准备姿势、移动、发球、垫球、传球、扣球、拦网、战术、排球比赛。

（2）教学过程：第一阶段，利用演示法、讲解法、示范法来学习排球的基本技术知识和排球的理论知识；第二阶段，利用讲解法、示范法、分解练习法、小组学习法来学习排球的各项基本技术动作；第三阶段，利用分组教学法，进行分组排球教学比赛来提高排球技术动作的准确性和熟练性，同时提高将单一技术动作融入实际比赛中的能力。

（五）成绩评定

（1）平时成绩占30%（含出勤和平时课堂表现情况）。标准：请假一次扣2分，旷课一次扣5分，上课点名批评一次扣5分。

（2）体质健康测试成绩占40%。标准：参照国家体质健康测试标准。

（3）技能测评占30%（期末最终排球技术考试）。发球（占15%）：9个以上

（含 9 个）得 100 分，9 个以下每减少 1 个得分减 10 分，2 个以下不得分；垫球（占 15%）：50 个以上（含 50 个）得 100 分，50 个以下每少一个得分减少 2 分。两个技能考试均在得分基础上参考技能最后给出综合得分。

（六）注意事项

（1）在课堂教学过程中，听从教师安排注意安全。

（2）学习技术动作时，先学会徒手练习再进行有球练习，不可操之过急。

（3）学习战术和进行教学比赛时，需要同学们协同配合，积极参与。

（4）学会技术动作后注意多练习，提高动作的稳定性，增加球感。

小贴士　　　　　　　　坐式排球

坐式排球是专为双下肢残疾的人设计的一种坐地面打的排球活动，比赛场地 10 米×6 米，进攻线距中线 2 米，男子网高 1.15 米，女子网高 1.05 米，网宽 0.8 米，比赛采用 6 人排球规则，只是增加了比赛中击球时击球员臀部不得离地这一规定，1994 年 9 月在北京第 6 届远南伤残人运动会上我国首次举行了坐式排球比赛。

第三节　足　球

一、认识足球运动

足球，有"世界第一运动"的美誉，是全球体育界最具影响力的单项体育运动。标准的足球比赛由两队各派 10 名球员与 1 名守门员，共 11 人，在长方形的草地球场上对抗、进攻。

比赛目的是尽量将足球射入对方的球门内，每射入一球就可以得到一分，当比赛完毕后，得分多的一队则胜出。如果在比赛规定时间内得分相同，则须依据比赛规则而定，可以抽签、加时再赛或互射点球等形式分高下。足球比赛中除了守门员可以在己方禁区内利用手部接触足球，球场上每名球员只可以利用手以外的身体其他部分控制足球（开界外球例外）。

二、足球的演化

早在我国汉代就有类似足球的运动了。汉代蹴鞠是训练士兵的手段，制定了较为完备的体制。如专门设置了球场，规定为东西方向的长方形，两端各设 6 个对称的"鞠域"，也称"鞠室"，各由一人把守。场地四周设有围墙。比赛分为两队，互有攻守，以踢进对方鞠室的次数决定胜负。到了唐宋时期蹴鞠活动达到鼎盛，甚至出现了按照场上位置分工的踢法。唐代蹴鞠已有多种方式，有比赛颠球次数的"打鞠"，有场地中间挂网、类似网式足球的"白打"，有多人参与拼抢的"跃鞠"，还有了设立球门的比赛，这种方式每队有一定人数和固定位置，规定队员只能在自己的位置上踢，不能移动。同时蹴鞠和佛教一起传到了日本，日语及韩语中仍可见称足球为"蹴球"的用法便是受到中国的影响。

据说，希腊人和罗马人在中世纪以前就已经玩一种足球游戏。他们在一个长方形场地上，将球放在中间的白线上，用脚把球踢滚到对方场地上，当时称这种游戏为"哈巴斯托姆"。

然而现代足球的起源地是英国。传说在 11 世纪，英格兰与丹麦之间有过一场战争，战争结束后，英国人在清理战争废墟时发现一个丹麦入侵者的头骨，出于愤恨，他们便用脚去踢这个头骨，一群小孩见了便也来踢，不过他们发现头骨踢起来脚痛，于是用充气后的牛膀胱来代替它——这就是现代足球的诞生。

到了 12 世纪初，英国开始有了足球赛。比赛是娱乐活动，一年两次，一般在两个城市之间举行。主持人把球往空中一抛，比赛就算开始。双方队员就会一拥而上，大叫大喊，又踢又抱，哪一方能将球踢进对方的闹市区，哪一方就算胜利。如果球中途窜入居民屋里，运动员也就一窝蜂地冲进去乱打乱踢，常常把屋里的东西砸得稀巴烂，房主只好自叹倒霉。路上行人碰到球滚来，就会遭受一场飞来的横祸。因此在当时，球赛一来，人们就得躲避灾难，关门闭户，一直到球赛结束，才恢复正常。这样的球赛遭到市民的强烈反对，英国政府便下了一道禁令：规定足球比赛要在空地上进行，进入闹市区者重罚，于是就出现了专门的足球场。到 19 世纪初期，足球运动在当时欧洲及拉美一些国家特别是在资本主义的英国已经相当盛行。

1848 年，足球运动的第一个文字形式的规则——剑桥规则诞生了。所谓的剑桥规则，即是在 19 世纪早期的英国伦敦，牛津和剑桥之间进行比赛时制定的一些规则。当时每队有 11 个人进行比赛。因为当时在学校里每套宿舍住有 10 个学生和一位教师，因此他们就每方 11 人进行宿舍与宿舍之间的比赛，当前的 11 人足球比赛就是从那时开始的。

1862 年，在英国诺丁汉郡成立了世界上第一个足球俱乐部。1863 年又成立了第一个足球协会（英足总），并统一了足球规则，现代足球诞生了。从 1900 年的第 2 届奥运会开始，足球被列为奥运会正式比赛项目，但它不允许职业运动员参加。1904 年 5 月 21 日，国际足联在巴黎成立。1904 年，英国、法国、荷兰、比利时、西班牙、瑞典和瑞士 7 个国家的足球协会在法国成立了国际足球联合会。1930 年起，每 4 年举办一次世界足球锦标赛（又称世界杯足球赛），比赛取消了对职业运动员的限制。

至此，足球比赛就变成了今天你所见到的样子。

三、足球比赛简规

（一）场地设施

1. 比赛场地

球场呈长方形，长 90～120 米，宽 45～90 米，标准场地长 100～110 米，宽 64～75 米，任何时候宽不能超过长的长度。虽然场地的尺寸不是非常固定，但场内各区域的尺寸是固定不变的，而白线宽度 12 厘米是包含在场地内的。

2. 比赛时间

比赛时间应分为两个相等的半场，每半场 45 分钟。在每半场中由于各种原因损失的时间均应补足，这段时间的多少由裁判员决定。上下半场之间的休息时间不得超过 15 分钟。下半场开始时，两队应互换场地，并由上半场开球队的对方开球。

3. 足球计胜方法

凡球的整体从门柱间及横木下越过球门线，而并非球员用非正常手段进球，均为攻方胜一球。在比赛中，胜球较多的一队为得胜队，如双方均未胜球或胜球数目相等，则这场比赛应为"平局"。

4. 罚球点球

守方禁区内犯规的可以罚点球。

5. 球门球

当球从球门外越出球门线，而最后踢或触球者为攻方队员时，由守方队员在球门区内任何地点直接踢出罚球区恢复比赛。踢球门球时，对方队员在球被踢出罚球区前都应站在罚球区外。

6. 角球

当球从球门外越出球门线，而最后踢或触球者为守方队员时，由攻方队员将球放在离球出界处较近的角球区内踢角球。在球未滚动至圆周外时，不得进入距球 9.15 米以内。踢角球队员在球被其他队员踢或触及前，不得再次触球。

（二）比赛相关人员

1. 参赛球员

上场比赛的两个队每队队员人数不得超过 11 人。每队必须有一名守门员。每队在比赛时可有 1~2 名替补队员。上场队员必需的装备是：运动上衣、短裤、护袜、护腿板和足球鞋，上场队员不得穿戴能危及其他运动员的任何物件。

2. 介绍球员位置

中锋，又称 ST，是前锋的一种，是全队进攻的尖刀和主要得分手。活动范围主要在前场对方禁区附近，是足球场上最靠近对方球门的人。进球是中锋最主要的职责，他们不需要有太好的突破和传球能力，大局观差点也无所谓，但门前的嗅觉一定要灵敏，对射门的感觉一定要好，要时时刻刻想着进球，这就是传统中锋。

二前锋，又名影子前锋，位置在中锋之后。在进攻当中，紧跟在前锋身后或一侧做无球跑动，一旦前锋被铲或被成功阻挡，他应该会有保护球的动作，或把球分到无人位置，这时候，影子前锋就会立刻拿球突破，创造得分机会。影子前锋的主要职责是为中锋创造机会，或者自己带球突破得分。对于这个位置的球员要求相对较高，往往有很好的脚下技术、很好的盘带水平和较好的传球能力与射门技术，能力要十分全面。

边锋，也是前锋的一种，主要活动区域在前场的两个边路。边锋不仅需承担起边路进攻的职责，而且通过交叉换位要完成多种战术任务。边锋最大的优势就是速度，只有极快的速度才能帮助边锋在两翼轻松的突破。当然，一定的传中能力也是边锋的看家本领。

前腰，是中场位置的一种，也称为"突前前卫"，标准站位于前锋身后，负责为前锋输送进攻的"炮弹"，组织二次进攻。前腰的人选需要有良好的控球技术、开阔的视野和极佳的大局观，故很多前腰球员身披 10 号球衣，为全队的中场核心甚至于灵魂人物。因此，前腰最大的优势就是传球能力，即组织能力。一个好的前腰，应该在场上带动全队，组织球队大部分的进攻，这就是他们的职责。不过现阶段，由于战术体系的改变，古典型前腰逐渐被进攻性更强的前卫所替代。

前卫，位于中场，球队进攻时前卫是球队衔接后防组织进攻的基础，同时也是控制比赛节奏的核心，把握时机向前锋输送机会，协助前锋进攻；球队防守时，进行中场拦截，协助球队防守。因此，前卫在球队中起着攻防转换的作用，是一支球队的核心位置。由于这个位置的特殊性，前卫球员也大多是一支球队的灵魂人物。前卫球员必须要有一脚精准的直传或长传球，还要有较强的阻截能力。远射通常是前卫最好的得分手段。

边前卫，分为防守型和助攻型，因为一般阵形中一边只设一个边前卫，所以尽量把两个职责合二为一，也就是攻防兼备。左右两个边前卫站在中场两侧，与边锋一样，对球员的要求也包括灵活快速，善于盘带。而其场上的责任也有突破、助攻等。除此之外，边前卫还要具备一定的防守能力，在中场的边路地带要有一定的阻截能力，将对方的进攻遏制在摇篮中。因此，边前卫要具备比较全面的能力。

后腰，又称"防守型中场"，是指比较靠后的中前卫，位于中后卫的前面，主要任务是协助球队防守，和前卫一样，他也是球队阵型攻防转换的关键位置，更是后卫线前的最后一道防线。后腰的身体一定要强壮，才能很好地阻截对方的进攻，远射也是后腰的一大绝技，相比起前卫，后腰的远射更看重的是射门力量。很多时候，后腰在无法阻截时，为了遏制对方的进攻，犯规是家常便饭，黄牌也是经常收到的。

边后卫，是后卫的一种。边后卫讲究攻守平衡，一个好的边后卫既能及时阻止对方边锋的突破，又能及时助攻制造机会，所以边后卫也需要具有很好的体力，能及时插上，也能及时回来防守。而且，边后卫还要有一定的速度，助攻时能突破对方的防线，防守时能避免边锋用速度撕破防线。因此，对于边后卫的要求也非常全面，必须要攻守平衡，而且对于其攻守能力的要求更高。边后卫并非一个很容易胜任的职业。

中后卫，是门将前面的最后一道防线。防守几乎是中后卫的全部职责。一名优秀的中后卫最重要的就是位置感。中后卫必须时时刻刻提高警惕，想清楚自己所在的位置。守门员想要的是中后卫站在你的面前，而不是随随便便就跑到边路去了。因为对于中后卫来说，一个失误就是致命的，很可能就给对方造成了进球机会。对于中后卫来说，经验也是一个很重要的因素。

清道夫，指在足球比赛中承担特定防守任务的后卫，分为进攻型和防守型两种。进攻型清道夫也叫作自由人，"凯撒大帝"贝肯•鲍尔是自由人的开山鼻祖，他以独到的大局观、细腻的脚下技术和优雅的球风，为自由人做了最好的诠释。自由人活动范围很大，既可以在后场顶死对方前锋，还可以屡屡前插，为己方前锋送上精彩的助攻。而防守型清道夫也叫作拖后中卫，门将前的最后一道防线，坐镇后防，哪里有危险就上去补位，巴雷西就是这一位置的代表。

门将，是己方球门前的最后一道防线，也是在所有球员中唯一一个可以用手触球的球员。人们都知道一个优秀的守门员抵得上半只球队，门将往往可以左右一支球队的命运。门将出色的发挥往往能拯救整只球队，而如果一旦门将发挥失常，球队往往难逃厄运。

3. 裁判员

场上除了运动员还有裁判，裁判也是一场球赛的关键人物。

每场比赛应委派一名裁判员执行裁判任务。在比赛暂停或比赛成死球时出现的犯规，裁判员均有判罚权。裁判员在比赛进行中，根据比赛实际情况，诸如比赛结果等所做的判决，应为最后判决。

巡边员，每场比赛应委派两名巡边员，他们在何时球出界成死球；应由哪一队踢角球、球门球或掷界外球；当要求替补时执行自己的职责。他们还应协助裁判员按照规则控制比赛。

四、如何上好足球课

（一）服装

足球运动发展到今天，已经有非常专业的专项服装和鞋子。不过作为上体育课如果没有专业装备，也可以穿普通运动短袖，因为运动时腿部的活动幅度比较大，所以尽可能穿运动短裤。鞋子需要选择足球鞋，足球鞋因为在内外侧都有加厚处理，可以很好地保护脚上的击球部位。

（二）课外资料（见表6-3）

表6-3　足球的课外资料

书名	作者	索书号	馆藏地
足球技战术精华录	（美）杰伊·马丁	G843.19/7710	金湖校区一流通库420
足球传奇	阎峻峰	G843/3722	金湖校区一流通库420
足球竞赛赏析与裁判实践教程	董青	G843.4/4450	金湖校区一流通库420
足球入门精通	名师出高徒编写组	G843/2722	金湖校区一流通库420
足球运动伤害预防与治疗法图解指导	（德）拉尔夫·迈耶	R873-64/3117	金湖校区一流通库420
奔跑吧！足球：足球知识100个应知道	"足球百问"编委会	G843/6011	金湖校区一流通库420

（三）课程目标

（1）通过本课程的学习，使学生初步掌握足球运动基本的理论知识、技术和技能，提高运动能力，为终身体育奠定基础。

（2）通过足球课程的学习和锻炼，提高学生有氧代谢能力，改善心肺功能，增强四肢和躯干的肌肉力量、提高身体的协调性和平衡能力，促进学生身心全面发展。

（3）通过教学，使学生初步掌握体育锻炼的基本方法和养生保健的基本知识，培养学生对身体机能进行评价和指导进行科学锻炼身体的能力。

（4）结合足球运动的特点，培养学生爱国主义、集体主义的思想品德，树立科学的世界观、人生观、价值观，培养学生勇于拼搏、机智灵活、勇敢顽强的精神。

（四）教学内容及过程

（1）教学内容：踢球、接球、头顶球、运球、抢截球、掷界外球、颠球、足球理论、足球比赛。

（2）教学过程：第一阶段，利用演示法、讲解法、示范法来学习足球的基本技术知识和足球理论知识；第二阶段，利用讲解法、示范法、分解练习法、小组学习法来学习足球的各项基本技术动作；第三阶段，利用分组教学法，进行分组足球教学比赛来提高足球技术动作的准确性和熟练性，同时提高将单一技术动作融入实际比赛中的能力。

（五）成绩评定

（1）平时成绩占 30%（含出勤和平时课堂表现情况）。标准：请假一次扣 2 分，旷课一次扣 5 分，上课点名批评一次扣 5 分。

（2）体质健康测试成绩占 40%。标准：参照国家体质健康测试标准。

（3）技能测评占 30%（期末最终足球技术考试）。

① 脚内侧踢准（占 15%）：

次数	9	8	7	6	5	4
成绩	15	13.5	12	10.5	9	7.5

② 颠球 15 分（占 15%）：

● 连续颠球评分标准。

次数	20 以上	18～19	17	16	15
成绩	100	90	80	70	60

● 2 分钟累积颠球评分标准。

次数	120 以上	100～119	90～99	80～89	70～79	60～69
成绩	100	90	80	70	60	50

（六）课堂教学注意事项

（1）在课堂教学过程中，听从教师安排注意安全。

（2）学习技术动作时，注意观察，先学会单人练习再进行组队练习，不可操之过急。

（3）学习战术和进行教学比赛时，需要同学们协同配合，积极参与。

（4）学会技术动作后注意多练习，提高动作的稳定性，增加球感。

小贴士　　　　　　　　**踢足球的注意事项**

（1）足球运动由于跑动较多，技术动作幅度及出汗量都较大，所以参加锻炼时应身着宽松合体、透气吸汗的运动服装，球鞋应选用合脚防滑的帆面胶底的足球鞋。

（2）尽量不要在场地设施不符合要求的地方进行锻炼。场地不平、碎石杂物多（跑道、沙坑），容易造成同学们踝关节扭伤、骨膜损伤、跟腱拉伤等。

（3）运动开始时，要先做一些较缓和、运动量较小的热身运动，使身体在进入剧烈运动前有一个准备过程，待心率和体温上升时，再逐渐增加运动的强度和速度，这样，既有助于肌肉的活动效率和关节的润滑，又可以防止运动损伤。

（4）足球运动的运动量是比较大的，不仅在运动前后需要补水，在运动期间也是需要适当的补水的，以多次少饮为最佳，不要一次性喝大量的水。最好是喝一些淡盐开水，更好地补充水分。

（5）在踢完足球之后，可以做一些动作，让你的身体尽快地恢复体能。做五到十分钟的放松运动会有助于心率逐渐稳步下降。可以进行一些像原地慢跑、静态拉伸等活动来放松你的身体。

第七章　小球运动项目

第一节　乒乓球

一、认识乒乓球

乒乓球是由两名或两对选手、用球拍在中间隔放一个球网的球台两端轮流击球的一项球类运动。乒乓球为圆球状，重 2.53～2.70 克，白或橙色，用赛璐珞或塑料制成。乒乓球在中国被称为国球，也是世界流行的球类体育项目之一。

二、乒乓球的演化

乒乓球起源于英国。19 世纪末，欧洲盛行网球运动，但由于受到场地和天气的限制，英国有些大学生便把网球移到室内，以餐桌为球台，书作球网，用羊皮纸做球拍，在餐桌上打来打去。1890 年，几位驻守印度的英国海军军官偶然发觉在一张不大的台子上玩网球颇为刺激。后来他们改用实心橡胶代替弹性不大的实心球，随后改为空心的塑料球，并用木板代替了网拍，在桌子上进行这种新颖的"网球赛"，这就是 Table Tennis 得名的由来。

乒乓球出现不久，其运动便成了一种风靡一时的热门运动。20 世纪初，美国开始成套地生产乒乓球比赛用具，它是美国头号持拍运动，有超过 20 万美国人在打乒乓球。最初，Table Tennis 有其他的名称，如 Indoor Tennis，后来，一位美国制造商以乒乓球撞击时所发出的声音创造出 Ping-Pang 这个新词，作为他制造的"乒乓球"专利注册商标，Ping-Pang 后来成了 Table Tennis 的另一个正式名称，当它传到中国后，人们又创造出"乒乓球"这个新的词语。

乒乓球运动的很多用词是从网球变来的。

20 世纪初，乒乓球运动在欧洲和亚洲蓬勃开展起来。

1926 年，决定举行第一届世界乒乓球锦标赛。运动员使用的球拍虽形状各异，但都是木制的，球弹出后速度慢、力量小，没有什么旋转技巧，打法也很简单，就是把球在两者之间推来推去。

1903 年，英国人古德发明了胶皮球拍，有力地促进了乒乓球技术的发展。从 1926 年到 1951 年，世界各国选手大都使用表面有圆柱形颗粒的胶皮拍。击球时增加了弹性和摩擦力，可以使球产生一定的旋转。20 世纪 50 年代初，奥地利人发明了海绵球拍。最初的球是一种类似网球的橡胶球，1890 年，英国运动员吉布从美国带回一些作为玩具的赛璐珞球，用于乒乓球运动。

1959 年，中国运动员开始登上了国际乒坛，逐渐形成了以"快、准、狠、变"为技术风格的直拍近台快攻打法。

1982 年，国际奥委会通过了关于从 1988 年起把乒乓球列为奥运会正式比赛项目的决定，推动了乒乓球运动更快的发展。

2000 年，国际乒联特别大会和代表大会在吉隆坡通过 40 毫米大球改革方案，决定从 2000 年 10 月 1 日起，使用直径为 40 毫米、质量为 2.7 克的大球，从而取代直径为 38 毫米的小球。

现今中国选手一直在乒乓球项目中有着极为出色的表现，球员群星璀璨。回顾中国乒乓球队在历届奥运会上获得的金牌数，中国乒乓球队一直以"梦之队"的姿态出现在奥运赛场上，乒乓球项目也是中国代表团最为稳固的夺金点之一。

三、乒乓球比赛简规

（一）场地设施

1. 比赛场地

乒乓球的比赛场地为长方形，其长度不得小于 14 米，宽不得小于 7 米，天花板高度不得低于 4 米。

2. 乒乓球台

球台的上层表面叫作比赛"台面"，应为与水平面平行的长方形，长为 2.74 米，宽为 1.525 米，离地面的高度为 0.76 米。台面一律为均匀的暗色，无光泽，沿边线边缘及长的端线边缘应有一条 2 厘米宽的白线。比赛台面由一个垂直的球网划分为两个相等的"台区"。

（二）乒乓球简规

（1）什么是一局比赛？在一局比赛中，先得 11 分的一方为胜方；比分出现 10 平后，先多得 2 分的一方为胜方。

（2）什么是一场比赛？一场比赛应采用七局四胜制或五局三胜制。一场比赛应连续进行，但在局与局之间，任何一名运动员都有权要求不超过两分钟的休息时间。

（3）每发球两次球即换对手发球，依此类推，或者直至双方比分都达到 10 分后实行轮换发球，每人只发一球。

（4）一局比赛结束在该场的下一局应互换站位。单打决胜局中当有一方满 5 分时应交换位置。

（5）对方发球或还击后，本方必须击球，使球直接越过或绕过球网装置（包含触及球网装置）后，再触及对方台区。

（6）重发球。

① 发球时触及球网，此后成为合法发球或被接发球员或其同伴阻挡可以重发。

② 由于发生了运动员无法控制的干扰，如灯光熄灭等原因，而使运动员未能合法发球、合法还击或未能遵守规则。

③ 裁判员或副裁判员宣布的暂停比赛。

（7）判一分。

① 未能正常发球。

② 未能正常还击。

③ 阻挡。

④ 连续两次击球（如执拍手的拇指和球拍连续击球）。

⑤ 除发球外，球触及本方台区后再次触及本方比赛台面。

⑥ 裁判员判罚分。

四、如何上好乒乓球课

（一）服装

乒乓球运动发展到今天，已经有非常专业的专项服装和鞋子。不过作为上体育课如果没有专业装备，也可以穿普通运动服。鞋子需要选择适合室内运动的最好是牛筋底的鞋子，因为乒乓球运动大多在室内，并且多为木质地板的场地，目的是可以获得更好的摩擦力。

（二）课外资料（表7-1）

表7-1　乒乓球课外资料

书名	作者	索书号	馆藏地
乒乓球	王艳	G846/1057*1	金湖校区—流通库420
乒乓球运动的历史与文化	李荣芝，顾楠	G846/4044	金湖校区—流通库420
乒乓球入门到精通	郭磊，张志华	G846/2722	金湖校区—流通库420
乒乓球基础与实战：击球、攻防与战术	（日）田崎俊雄	G846.19/6022	金湖校区—流通库420
乒乓球运动的发展与健身指导	彭艳芳	G846/4254	金湖校区—流通库5F
乒乓球训练100课	（日）大江正人著；姜中乔译	G846.2/4318	金湖校区—流通库420

（三）课程目标

（1）通过本课程的学习，使学生掌握乒乓球主要技战术的基本理论及乒乓球的主要战术并初步形成其战术风格，掌握一种乒乓球的主体打法，提高运动能力，为终身体育奠定基础。

（2）通过身体素质能力的学习和锻炼，提高学生有氧代谢能力，改善心肺功能，增强四肢和躯干的肌肉力量，提高身体的协调性和平衡能力，促进学生身心全面发展。

（3）通过教学，使学生掌握体育锻炼的基本方法和养生保健的基本知识，培养学生对身体机能进行评价和指导进行科学锻炼身体的能力。

（4）结合乒乓球运动的特点，培养学生爱国主义、集体主义的思想品德，树立科学的世界观、人生观、价值观，培养学生勇于拼搏、机智灵活、勇敢顽强的精神。

（四）教学内容及过程

（1）教学内容：乒乓球推挡球，发平击球、左侧下旋球、右侧下旋球，接发球技术。

（2）教学过程：第一阶段，利用演示法、讲解法、示范法来学习乒乓球的基本技术知识和乒乓球理论知识；第二阶段，利用讲解法、示范法、分解练习法、小组学习法来学习乒乓球的各项基本技术动作；第三阶段，利用分组教学法，进行分组乒乓球教学比赛来提高乒乓球技术动作的准确性和熟练性，同时提高将单一技术动作融入实际比赛中的能力。

（五）成绩评定

（1）平时成绩占 30%（含出勤和平时课堂表现情况）。标准：课堂出勤表现全勤得满分，旷课一次扣 5 分，迟到、早退一次扣 1 分，请假一次扣 2 分，扣完为止。

（2）体质健康测试成绩占 40%。标准：参照《国家学生体质健康测试标准》。

（3）技能测评占 30%。

① 连续推挡考试（占 20%）。

连续推挡球，100 次为满分。

100	90	80	70	60
20	18	16	14	12

② 发球技术考评（占 10%）。

● 10 分：准备姿势标准、动作协调、落点准。

● 8 分：准备姿势较标准、动作较协调、落点较准。

● 5 分：准备姿势一般、动作协调一般。

● 2 分以下：准备姿势差、动作不协调、效果差。

（六）注意事项

（1）在课堂教学过程中，听从教师安排，注意安全。

（2）学习技术动作时，注意理解球与拍面之间的力的作用关系。

（3）严禁站在挥拍同学的身旁及背后。

（4）学会技术动作后注意多练习，提高动作的稳定性，增加球感。

小贴士　　　　　　　乒乓球运动的特点

乒乓球运动是智能、技能、体能三者兼容以智能为主的隔网对抗的运动项目。运动员挥拍打出的每一个球，都包含有速度、旋转、力量、弧线和落点 5 个竞技要素。比赛得分是按规则将球击中对方桌面迫使对手回球出界或落网。其特点是球小、速度快、变化多、技巧性强、趣味性高，设备比较简单，不受年龄、性别和身体条件的限制，在室内外都可进行，运动量可大可小，具有广泛的适应性和较高的锻炼价值，比较容易开展和普及。

乒乓球运动集健身、竞技、娱乐性于一体。经常打乒乓球能提高视觉的敏锐性和神经系统的灵活性，使人心情舒畅，想象力丰富，利于提高学习和工作效率；能改善人的心血管、脑血管系统的机能，使人的反应加快，身手敏捷，动作协调，四肢灵活、柔韧，形体健美；能提高控制情绪的能力及培养机智果断、勇敢顽强、勇于进取和敢于拼搏的优良品质与作风。此外，生活、工作中产生的不良情绪，也可在乒乓球锻炼中得到缓解和宣泄，起到积极的心理调节作用，提高社会的适应能力。

第二节　羽毛球

一、认识羽毛球

羽毛球是一项室内、室外都可以进行的体育运动。依据参与的人数，可以分为单打与双打，及新兴的 3 打 3。球拍由拍面、拍杆、拍柄及拍框与拍杆的接头构成。一支球拍的长度不超过 680 毫米，其中拍柄与拍杆长度不超过 41 厘米，拍框长度为 28 厘米，宽为 23 厘米，随着科学技术的发展，球拍的发展向着重量更轻、拍框更硬、拍杆弹性更好的方向发展。

二、羽毛球的演化

早在 2000 多年前，一种类似羽毛球运动的游戏就在中国、印度等国出现。中国叫打手毽，印度叫浦那，西欧等国则叫作毽子板球。19 世纪 70 年代，英国军人将在印度学到的浦那游戏带回国，作为茶余饭后和休息时的消遣娱乐活动。

据传，在 14 世纪末，日本出现了把樱桃插上美丽的羽毛当球，两人用木板来回对打的运动。这就是羽毛球运动的原形。

现代羽毛球运动诞生在英国。1873 年，在英国格拉斯哥郡的伯明顿镇有一位叫鲍弗特的伯爵，在他的领地开游园会，有几个从印度回来的退役军官就向大家介绍了一种隔网用拍子来回击打毽球的游戏，人们对此产生了很大的兴趣。因这项活动极富趣味性，很快就在上层社会社交场上风行开来。"伯明顿"（Badminton）即成为英文羽毛球的名字。1893 年，英国 14 个羽毛球俱乐部组成羽毛球协会。

18 世纪，印度的蒲那城，出现类似今日羽毛球活动的游戏，以绒线编织成球形，上插羽毛，人手持木拍，隔网将球在空中来回对击，但这种游戏流行的时间不长。

羽毛球运动约于 1920 年传入我国，新中国成立后得到迅速发展。20 世纪 70 年代我国羽毛球队已跻身于世界强队之列。

20 世纪 70 年代，在国际羽毛球坛，印度尼西亚与我国的实力平分秋色。80 年代，优势已转向我国，说明我国羽毛球运动已达到世界先进水平。羽毛球在 1992 年的巴塞罗那奥运会上被列为正式比赛项目，共设男女单打和男女双打及混合打共 5 项比赛。其余羽毛球比赛也很多，像汤姆斯杯、尤伯杯及世界羽毛球锦标赛等。

三、裁判羽毛球简规

（一）场地设施

1. 比赛场地

羽毛球场地是一个长 13.40 米，双打宽 6.10 米，单打宽 5.18 米，双打球场对角线长 14.723 米，单打球场对角线长 14.366 米的长方形场地。理想的羽毛球比赛场地是用弹性的木材拼接而成的。目前国际比赛已采用化学合成材料作为可移动的塑胶球场。不论是采用木板地面还是合成材料地面，都必须保证运动员在比赛中不感到太滑或太黏，并有一定的弹性。

2. 羽毛球网

羽毛球网长 6.10 米、宽 76 厘米，为优质深色的天然或人造纤维制成，网孔大小在 15～20 毫米之间，网的上沿应缝有 75 毫米宽的双层白布（对折而成），并用细钢丝绳或尼龙绳从夹层穿过，牢固地张挂在两网柱之间。正式比赛时，球网中部上沿离地面必须为 1.524 米高，球网两端高为 1.55 米。球网的两端必须与网柱系紧，它们之间不应该有缺缝。

（二）羽毛球规则

1. 计分制度

（1）采用 21 分制，即双方分数先达 21 分者胜，3 局 2 胜。每局中，一方先得

21 分且领先至少 2 分即算该局获胜，否则继续比赛；若双方打成 29 平后，一方领先 1 分，即算该局取胜。

（2）新制度中每球得分，并且除特殊情况（比如地板湿了，球打坏了），球员不可再提出中断比赛的要求。但是，每局一方以 11 分领先时，比赛进行 1 分钟的技术暂停，让比赛双方进行擦汗、喝水、休息等。

（3）得分一方有发球权，如果本方当前得分为单数，从左边发球；当前得分为双数，从右边发球。在第三局或只进行一局的比赛中，当一方分数首先到达 11 分时，双方交换场区。

2. 羽毛球站位规则

（1）单打。

● 发球员的分数为 0 或双数时，双方运动员均应在各自的右发球区发球或接发球。

● 发球员的分数为单数时，双方运动员均应在各自的左发球区发球或接发球。

● 如"再赛"，发球员应以该局双方总得分数来确定站位。若总分为单数，双方运动员均应在各自的左发球区发球或接发球；若总分为双数，双方运动员均应在各自的右发球区发球或接发球。

● 球发出后，双方运动员击球就不再受发球区的限制，运动员的站位也可以在自己这方场区的界内或界外。

（2）双打。

● 一局比赛开始，应从右发球区开始发球。

● 只有接发球员才能接发球；如果他的同伴接球或被球触及，发球方得一分。在发球方得分为 0 或双数时，站在右发球区的运动员发球或接球；发球方得分为单数时，则应站在左发球区的运动员发球或接发球。

● 接发球方得一分时，由接发球方运动员之一发球，如此交换发球权。注意，交换发球权时双方 4 位运动员都不需要变换站位。

● 运动员不得在同一局比赛中有两次发球。

● 球发出后，双方运动员击球就不再受发球区的限制，运动员的站位也可以在自己这方场区的界内或界外。

3. 羽毛球比赛规则

（1）发球。

发球员和接发球员都必须站在各自发球区内发球和接发球，脚不能触及发球区的界限；两脚必须都有一部分与地面接触，不得移动，直至将球发出。

发球员的球拍必须先击中球托，与此同时整个拍框必须低于发球员的腰部。

击球瞬间拍杆应指向下方，从而使整个拍框明显低于发球员的整个握拍手部。

发出的球必须向上飞行过网，如果不受拦截，应落入接发球员的发球区。

（2）羽毛球的违例。

● 发球时：

球拍拍框高于握拍手的手腕（称为：过手）或者拍框过腰（称为：过腰）。

发球员发球时未击中球。

发球时，球过网后挂在网上或停在网顶。

● 比赛时：

球不能触及比赛场地以外的任何地面或物体。

运动员球拍、身体或衣服触及网或网的支持物。

运动员的球拍或身体，侵入对方场区（击球者击球后，球拍可以随球过网）。

妨碍对手紧靠球网的合法击球。

击球时，球夹在或停滞在拍上紧接着又被拖带。

同一运动员两次挥拍连续击中球两次。

同一方两名运动员连续各击中球一次。

（3）重发球。

遇到不能预见或意外的情况，应重发球。

除发球外，球过网后，球挂在网上或停在网顶，应重发球。

发球时，发球员和接发球员同时违例，应重发球。

发球员在接发球员未做好准备时发球，应重发球。

（4）发球区错误的裁判方法。

如果错误在下一次发球击出前发现，应重发球；只有一方错误且对方得分，则错误不予纠正。

（5）比赛中的出界。

单打的边线是内侧边线的外沿。双打的边线是外侧边线的外沿。

单打和双打的前发球线是最靠近球网且平行球网的一条线。

单打的后发球线就是底线。发球区位于前发球线和后发球线之间。

双打的后发球线是底线前的那一条线。发球区位于前发球线和后发球线之间。

四、如何上好羽毛球课

（一）服装

羽毛球运动有专项服装和鞋子。上体育课虽然不需要专业的服装和袜子，但也必须穿运动服及运动鞋。鞋子需要选择适合室内运动的最好是牛筋底的鞋子，因为羽毛球运动大多在室内，并且多为木质地板的场地，所以适合的鞋底材质可以获得更好的摩擦力。

（二）课外资料（见表7-2）

表7-2　羽毛球课外资料

书名	作者	索书号	馆藏地
羽毛球	郑其适，陈浩，陈坚坚	G847/8743*1	金湖校区一流通库420
羽毛球入门到精通	名师出高徒编写组	G847/2722*1	金湖校区一流通库420
羽毛球运动教学与训练教程	朱建国	G847/2516	金湖校区一流通库420
羽毛球入门、提高训练与实战	刘瑛，韩文华	G847/0214	金湖校区一流通库420
羽毛球快速入门全程图解	张力等	G847/1240	金湖校区一流通库420
羽毛球竞赛规则问答	郝卫宁	G847.4-44/4713	金湖校区一流通库420

（三）课程目标

该课程主要学习和提高羽毛球基础技能，以学生自主锻炼和自我学习为主，教学形式按学生实际情况采用集中授课，授课方式上采用发、击、扣、吊、移动动作技术及羽毛球技战术等递进的方法进行教学，并采用分解教学和完整教学相结合的教学方式，以学生自主学习为主，教师个别指导为辅。学生体质健康测试、考勤检查和技能掌握等内容，采用形成性考核方法。通过本课程的学习，要求学生掌握羽毛球运动的基本规律、基本理论，提高羽毛球的技战术能力，具备羽毛球课程教学的基本能力和指导课外羽毛球健身锻炼的组织管理能力，形成良好的专业素养和心理素质，提高社会适应能力。

通过羽毛球运动教学使学生具有优秀的人格品质，高尚的道德情操，强烈的爱国心，为社会主义建设的精神；培养学生的集体主义精神，具有现代的竞争意识，和良好的意志品质。通过教学和训练，使学生掌握羽毛球运动教学和训练的基本理论与方法。

（四）教学内容及过程

（1）教学内容：羽毛球握拍、发球、击球、脚步移动、扣球、吊球。

（2）教学过程：第一阶段，利用演示法、讲解法、示范法来学习羽毛球的基本技术知识和羽毛球理论知识；第二阶段，利用讲解法、示范法、分解练习法、小组学习法来学习羽毛球的各项基本技术动作；第三阶段，利用分组教学法，进行分组羽毛球教学比赛来提高羽毛球技术动作的准确性和熟练性，同时提高将单一技术动作融入实际比赛中的能力。

（五）成绩评定

（1）平时成绩占30%（含出勤和平时课堂表现情况）。标准：旷课一次扣3分，请假一次扣2分，迟到、早退一次扣1分，旷课次数达到4次得0分。

（2）体质健康测试成绩占40%。标准：参照《国家学生体质健康测试标准》。

（3）技能测评占30%。

（六）注意事项

（1）在课堂教学过程中，听从教师安排，注意安全。

（2）学习技术动作时，注意握拍和挥拍的动作，防止造成损伤。

（3）严禁站在挥拍同学的身旁及背后。

（4）学会技术动作后注意多练习，提高动作的稳定性，增加球感。

小贴士　　　　　　　　羽毛球裁判

目前，在国际上羽毛球裁判员有国际A级和B级两个级别，除此之外，还有经亚洲羽毛球联合会批准的亚洲A级和B级裁判员；在我国则从高至低分为国家A级、国家B级和一级、二级、三级裁判。

第三节　网　球

一、认识网球

网球是一项优美而激烈的体育运动，网球运动的由来和发展可以用四句话来概括：孕育在法国，诞生在英国，开始普及和形成高潮在美国，现在盛行全世界，被称为世界第二大球类运动。

网球通常在两个单打球员或两对组合之间进行。球员在网球场上隔着球网用网球拍击打网球。

现代网球运动诞生于 19 世纪的英国伯明翰。在 20 世纪中叶，网球在世界各地得到广泛发展，并成为一项世界性的体育运动。最受关注的网球比赛是每年举办的网球四大满贯赛事。

二、网球的演化

网球运动最原始的形式被称为室内网球（Real Tennis）。大多数历史学家认为，这一运动最早起源于 12 世纪法国北部传教士在教堂回廊里用手掌击球的一种游戏。到了 14 世纪中叶，法国的一位诗人把这种球类游戏介绍到法国宫廷中，作为皇室贵族男女的消遣。当时玩这种游戏，场地是宫廷内的大厅，没有网也没有球拍，球是用布卷成圆形后用绳子绑成的。场地中间架起一条绳子为界，利用两手作球拍，把球从绳上丢来丢去，法语叫作 Tenez，英语叫作"Take it! Play"，意即："抓住！丢过去"，今天"网球"（Tennis）一语即来源于此。到了 16 世纪，用木板制成的球拍被用来代替两手。最初的网球，只是两个半球再填充草、树叶或头发等制成的，后来随着网球的不断发展，球的制作也越来越讲究。

16 世纪初，这项球类游戏被法国国民发现，出于好奇心开始仿效，很快地传播到各大城市，同时改良了用具。球制造得比较耐用，拍子由木板改为羊皮纸板，拍面面积放大，握把的柄也加长。场地中间的绳子，增加无数短绳子向地面垂下，球从绳子下面经过时，可以明显地被发觉。后来该游戏被法国国王路易斯下令禁止，并规定这是宫廷中的特权游戏。

17 世纪初，网球场地中间不再用绳帘，而改用小方格网子，网比帘的作用更好，拍子改用穿线的网拍，富有弹性而且轻巧方便。在法国宫廷中做这种游戏时，球场旁边放置一只金色容器，每次比赛完毕后，观众将金钱投入盘中，作为胜利者的奖品。这种方法起初的用意很好，后来渐渐演变成为一种赌博。开始时数目尚小，久而久之越赌越大，甚至有人因此倾家荡产，于是纠纷迭起，法国国王遂下令禁止再作此种游戏，这就是 18 世纪初期网球衰败的主要原因。

现代网球运动的历史一般是从 1873 年开始的。那年，英国人沃尔特·克洛普顿·温菲尔德将早期的网球打法加以改进，使之成为夏天在草坪上进行的一种体育活动，并取名"草地网球"。同年还出版了一本以《草地网球》为题的小册子，对这种活动进行宣传和推广，所以温菲尔德被称为"近代网球的创始人"。此后网球便成为一项室内、户外都能进行的体育项目。同时在英国各地建立网球运动俱乐部。1875 年又建立了全英网球运动俱乐部。这个俱乐部建造了世界上的第一个网球场地，并于 1877 年举办了全英草地网球男子单打锦标赛，即后来闻名于世的温布尔登网球赛。

网球运动的广泛开展和比赛活动的日益频繁，没有统一的规则当然是不行的。于是在 1876 年，由一些地区的著名网球运动俱乐部派出代表，一起开会研究和讨论制定一个全英统一的网球规则。经过多次协商，各方代表终于对网球运动的场地、设备、打法和比赛等方面取得了一致的意见，并形成了一个统一的规则。大约在 1878 年以后，英国大多数网球俱乐部都逐渐按照新的打法开展活动，进行训练和比赛。

1874 年，在百慕大度假的美国女士玛丽·奥特布里奇在观看了英国军官的网球比赛后，对这项体育活动颇感兴趣，于是将网球规则、网拍和网球带到纽约。在美国，网球运动最初是在东部各学校中开展的，不久就传到中部、西部，进而在全美得到普及。此时网球运动已经由草地上演变到可以在沙土上、水泥地上、柏油地上举行比赛，于是"网球（Tennis）"的名称就慢慢替代了"草地网球（Lawn Tennis）"的名称，这是我们今天网球（Tennis）名称的由来。

现代网球运动开展的初期，妇女常被排斥在外，其理由是网球运动不适合于妇女。同时认为妇女参加网球运动，有伤风化。因此早期的网球比赛只设有男子单打和双打两项，不设女子网球项目。但是一些女选手不仅敢于冲破社会舆论和家庭的阻挠，而且技术水平有的还超过了男选手。在一些非正规的单打比赛中常常出现一边是男选手另一边是女选手的情况。这才迫使一些网球俱乐部不得不破除这一禁令，允许妇女参加这一运动。所以 1879 年诞生了男女混合双打比赛，这是妇女自身努力奋斗的结果。

1878 年，第一次男子双打锦标赛在英格兰举行。1879 年，第一次女子单打和混合双打比赛在爱尔兰举行。1884 年，温布尔登网球赛增加了女子单打和男子双打项目。1913 年又增加了女双和混双项目。

1881 年，世界上出现了第一个全国性的网球协会，即美国全国草地网球协会（"全国"两字于 1920 年取消）。该会于当年 8 月 31 日至 9 月 3 日，在罗得岛纽波特港举行第一届美国草地网球男子单打和男子双打锦标赛，采用了温布尔登网球赛的比赛规则，参加比赛的有 26 人。

1887 年，开始举行美国草地网球女子单打锦标赛，女子双打和混合双打锦标赛分别开始于 1890 年和 1892 年。

1891 年，法国首次举行男子单打和男子双打锦标赛，参加者限于法国公民，女子单打锦标赛始于 1897 年。

1900 年，21 岁的美国网球运动员戴维斯，为了推动现代网球运动的发展，捐赠了一只黄金衬里的纯银大钵，名为戴维斯杯。它后来成为国际网坛声望最高的男子团体锦标赛的永久性的流动奖杯。每年的冠军队和队员的名字刻在杯上，当 1920 年刻满名字后，戴维斯又捐赠了一只垫盒，以后又增添了两只托盘。

1904 年，澳大利亚草地网球协会成立，并于 1905 年开始主办澳大利亚锦标赛，设男子单打、男子双打两个项目。1922 年又增加了女子单打、女子双打和混合双打三项。法国网球锦标赛、英国温布尔登网球锦标赛、美国网球锦标赛和澳大利亚网球锦标赛合在一起是世界上最有声望的"大满贯"网球锦标赛。任何一名选手或一组双打选手能在同一赛季中，赢得这四个锦标赛的冠军时，便获得"大满贯"优胜者的荣誉。

1913 年 3 月 1 日，由澳大利亚等 12 个国家的网球协会代表，在巴黎成立了国际网球联合会（ITF），协调国际网球活动，安排全年比赛日程表，修订网球规则并监督它的执行。

1919 年，抽签采用"种子"制度。1927 年，英国首创无缝网球，使球速加快。1945 年至 20 世纪 60 年代，网球趋向职业化。1963 年开始举办女子团体赛——联合会杯赛。1968 年，温布尔登首先实行不区分业余选手和职业选手的参赛制度。

1972 年，国际男子职业网球选手协会成立。1973 年，国际女子网球协会成立。

1896 年，在雅典举行的现代第一届奥运会上，网球的男子单打与双打项目被列为正式比赛项目。后来，由于国际奥委会和国际网球联合会在"业余运动员"问题上有分歧，已经连续进行了七届的奥运会网球比赛项目被取消。直到 1984 年的洛杉矶奥运会上，网球才被列为表演项目。到 1988 年的汉城奥运会上，网球重新被列为正式比赛项目。

三、网球简规

（一）场地设施

1. 比赛场地

网球场地整体呈长方形，标准尺寸是 36 米（长）×18 米（宽），这个尺寸是网球场地整体标准。其中比赛场地尺寸是 23.77 米（长）×10.98 米（宽）。半场对角线长 16.17 米。

2. 网球场种类

网球场可分为室外和室内，且有各种不同的球场表面，其将由经济因素所决定。

（1）网球场地：草地球场。

草地球场是历史最悠久、最具传统意味的一种场地。其特点是球落地时与地面的摩擦小，球的反弹速度快，对球员的反应、灵敏、奔跑的速度和技巧等要求非常高。因此，草地球场往往被看成是"攻势网球"的天下，发球上网、随球上网等各种上网强攻战术几乎被视为在草地网球场上制胜的法宝，底线型选手则在草地球场上难有成就。但是，由于草地球场对草的特质、规格要求极高，加之气候的限制及保养与维护费用昂贵，很难被推广到世界各地。目前每年的寥寥几个草地职业网球赛事几乎都是在英伦三岛上举行的，且时间集中在六、七月份，温布尔登网球赛是其中最古老也最负盛名的一项。

（2）网球场地：红土场地。

更确切的说法是"软性球场"，其最典型的代表就是红土场地的法国网球公开赛。另外，常见的各种沙地、泥地等都可称为软性球场。此种场地的特点是球落地时与地面有较大的摩擦，球速较慢，球员在跑动中特别是在急停急回时会有很大的滑动余地，这就决定了球员必须具备比在其他场地上更出色的体能、奔跑和移动能力，以及更顽强的意志品质。在这种场地上比赛对球员的底线相持功夫是一个极大的考验，球员一般要付出数倍的汗水及耐心在底线与对手周旋，获胜的往往不是打法凶悍的发球上网型选手，而是在底线艰苦奋斗的一方。

（3）网球场地：硬地球场。

现代大部分的比赛都是在硬地球场上进行的，也是最普通和最常见的一种场地。硬地球场一般由水泥和沥青铺垫而成，其上涂有红、绿色塑胶面层，其表面平整、硬度高，球的弹跳非常有规律，但球的反弹速度很快。许多优秀的网球选手认为，硬地球场更具"爆发力"，而且网球比赛中硬地场地占主导地位，必须格外重视。需注意的是硬地不如其他质地的场地弹性好，地表的反作用强而僵硬，所以容易对球员造成伤害，而且这种损害已使许多优秀的网球选手付出了很大代价。

（4）网球场地：地毯场。

顾名思义，这是一种"便携式"可卷起的网球场，其表面是塑胶面层、尼龙编织面层等，一般用专门的胶水黏接于具有一定强度和硬度的沥青、水泥、混凝土地基的地面上即可，有的甚至可以直接铺展或黏接于任何有支持力的地面上，其铺卷方便、适于运输且有非常强的适应性，室内室外甚至屋顶都可采用。球的速度需视场地表面的平整度及地毯表面的粗糙程度而定。在保养上此种场地也是非常简单的，只要保持地面清洁，不破损、不积水（对与相应的排水设施配套）就可以了。

（二）网球比赛简规

1. 网球发球

发球前的规定：发球员站在场地半边的端线后，用手抛球，在球触地前，用球拍击球。

发球时的规定：发球员在发球时，两脚站在规定位置，不得改变原站的位置。

发球员的位置：每局先从右区端线后发球，得失一分后，应换到左区发球。发出的球应落到对角的对方发球区内。

重发球：发球未击中球；违反发球站位规定；发球触网后，仍然落到对方发球区内，均应重发球。

交换发球：第一局比赛终了，接球员成为发球员，发球员成为接球员。以后每局终了，均依次互相交换，直至比赛结束。

2. 网球通则

（1）网球单打和双打。

交换场地：双方应在每盘的第 1、3、5 等单数局结束后，以及每盘结束双方局数之和为单数时，交换场地。

失分：失分有以下几种情况。

- 在球第二次着地前，未能还击过网。
- 还击的球触及对方场区界线以外的地面、固定物或其他物件。
- 故意用球拍触球超过一次。
- 身体、球拍，在还击期间触及球网。
- 过网击球。
- 抛拍击球。

压线球：落在线上的球都算界内球。

（2）网球双打。

双打发球次序：每盘第一局开始时，由发球方决定由何人首先发球，对方则同样地在第 2 局开始时，决定由何人首先发球。第 3 局由第 1 局发球方的另一球员发球。第 4 局由第 2 局发球方的另一球员发球。以下各局均按此序秩发球。

双打接球次序：先接球的一方，应在第 1 局开始时，决定由何人先接发球，并在这盘单数局，继续先接发球。对方同样应在第 2 局开始时，决定由何人先接发球，并在这盘双数局继续先接发球。他们的同伴应在每局中轮流接发球。

双打还击：接发球后，双方应轮流由其中任何一名队员还击。如球员同伴击球后，再以球拍触球，则判对方得分。

3. 胜一局

运动员每胜一球得 1 分，先胜 4 分者胜一局。

遇双方各得 3 分时，则为"平分"（Duece）。"平分"后，一方先得 1 分为"接球占先"（Advantage Serve）或"发球占先"（Advantage）。占先后再得 1 分，才算胜一局（其中得 1 分为 Fifteen，2 分为 Thirty，3 分为 Forty）。

4. 胜一盘

一方先胜 6 局为胜一盘，但遇双方各得 5 局时，一方必须净胜两局才算胜一盘。

5. 决胜局（Tie Break，也叫抢七局）

在每盘的局数为 6 平时，进行决胜局比赛，先得 7 分为胜该局及该盘，若分数为 6 平时，一方须净胜 2 分。

四、如何上好网球课

（一）服装

网球运动有专项服装和鞋子。上体育课虽然不需要专业的服装和鞋子，但也必须穿运动服及运动鞋。鞋子需要选择平底、内外两侧有加固的运动鞋，因为网球运动跑动范围大，变向次数多而急，所以适合的鞋子可以起到保护和提高速度的功能。

（二）课外资料（见表 7-3）

表 7-3　网球课外资料

书名	作者	索书号	馆藏地
网球裁判法解析	殷剑巍，万建斌，黄珊	G845.4/2782	金湖校区—流通库 420
网球教学与练习	陈建强，魏琳	G845.2/7411	金湖校区—流通库 420
网球运动的发展与科学化训练研究	王兴通	G845.2/1093	金湖校区—流通库 420
网球竞赛裁判工作手册	董杰编	G845.4/4440	金湖校区—流通库 420
网球竞赛规则	中国网球协会审定	G845.4/5067*1	金湖校区—流通库 420
网球入门、提高训练与实战	李志平，于海强	G845/4041	金湖校区—流通库 420

（三）课程目标

通过本课程的学习，要求学生掌握网球运动的基本规律、基本理论，提高网球的技战术能力，具备网球课程教学的基本能力，形成良好的专业素养和心理素质，提高社会适应能力。

通过网球运动教学使学生具有优秀的人格品质，高尚的道德情操，强烈的爱国心，为社会主义建设的精神。培养学生的集体主义精神，具有现代的竞争意识，和良好的意志品质。通过教学与训练，使学生掌握网球运动教学和训练的基本理论与方法，同时努力培养学生发现问题、分析问题与解决问题的能力，提高学生从事网球教学能力；通过教学和实践，使学生能担任网球裁判工作的能力。

（四）教学内容及过程

（1）教学内容：网球握拍、发球、击球、脚步移动、扣球、吊球。

（2）教学过程：第一阶段，利用演示法、讲解法、示范法来学习网球的基本技术知识和理论知识；第二阶段，利用讲解法、示范法、分解练习法、小组学习法来学习网球的各项基本技术动作；第三阶段，利用分组教学法，进行分组网球教学比赛来提高网球技术动作的准确性和熟练性，同时提高将单一技术动作融入实际比赛中的能力。

（五）成绩评定

（1）平时成绩占 30%（含出勤和平时课堂表现情况）。标准：旷课一次扣 3 分，请假一次扣 2 分，迟到、早退一次扣 1 分，旷课次数达 4 次得 0 分。

（2）体质健康测试成绩占 40%。标准：参照国家体质健康测试标准。

（3）技能测评占 30%。

（六）注意事项

（1）在课堂教学过程中，听从教师安排，注意安全。

（2）学习技术动作时，注意握拍和挥拍的动作，防止造成损伤。

（3）严禁站在挥拍同学的身旁及背后。

（4）学会技术动作后注意多练习，提高动作的稳定性，增加球感。

小贴士   **网球运动的价值和意义**

（1）网球运动是一项逐渐兴起的健身运动。网球是世界上最流行的运动项目之一。网球一向被扣以"贵族运动"、"高雅运动"及文明运动的美誉。观看重要的国际网球比赛，是许多人休闲、度假的主要内容。独特的网球文化使得网球运动成为现代社会中人的崇尚的生活方式之一。人们逐渐参与网球文化活动。

（2）强身健体，增强体魄。网球是一种有氧户内外运动之一，由于现代人成天忙于工作、学习和生活，大多数的时间在室内度过，需要到室外进行一些户外运动，网球就是最好的选择之一。

（3）网球可以提高人们的综合素质。网球影响着人们的思想和行为。任何一种文化都有一种价值取向，规定着人们所追求的目标，通过网球运动中的技能、心理、准则、礼仪等将网球文化所要求的思想模式、道德规范、行为准则有机地融为一体，以提高其综合素质。

（4）网球运动是一种最为时尚的运动之一。网球运动很适合都市人群。一般人看来，网球是一项绅士运动，打网球者经常给人们一种温文尔雅的感觉。对赶在时代最前沿，具有超生活理念的机关干部、白领阶层和高校大学生们把打网球当作一种时髦。所以随着生活水平的提高，人们的健康意识的加强，越来越多的人参与到网球时尚运动中来。

（5）网球文化具有终身受益的作用。网球运动能在 3～90 岁男女之间进行，不受年龄和性别的影响。年轻人可以显示他们优良的身体素质、强劲的力量和快速的奔跑；少年儿童可以在愉悦中打网球；中年人及古稀老人，可以根据自身的身体、心理、生理条件，进行适宜的运动强度。由于网球运动的运动量和运动强度可调控性和趣味性，可快可慢、可张可驰，使得参与者以饱满的热情和适合自己的强度在不知不觉中运动完相当于跑完几公里路程的运动时间，达到增进健康、增强体质、强壮身心的目的。网球运动隔网对垒，不属于肢体碰撞运动，能减少不必要的伤害。所以网球也是所有体育运动项目中运动寿命最长的项目之一。

（6）网球文化可以培养人的诚实守信的优秀品质。业余活动中的网球比赛大多是无裁判下的信任制比赛，运动员一定要做到诚实，把好球说成出界或把出界说成好球都是不诚实的表现。诚信品质的体现贯穿在整个网球活动的全过程中，而网球活动也是最能体现一个人诚信品质的体育活动之一。

第八章　形体运动项目

第一节　健美操

一、认识健美操运动

健美操是一项深受广大群众喜爱的、普及性极强的，集体操、舞蹈、音乐、健身、娱乐于一体的体育项目。

健美操是一种有氧运动，其特征是持续一定时间的、中低程度的全身运动，主要锻炼练习者的心肺功能，是有氧耐力素质的基础。跳健美操有诸多好处，不仅能帮助我们有效地强身健体，而且还有减肥的功效，这种运动减肥方法集健美和健身于一体，特别适合女性，受到了广大女性同胞的喜爱。

竞技健美操项目包括男子单人、女子单人、混合双人、三人（性别不限）、集体操、有氧舞蹈、有氧踏板、啦啦操等。

二、健美操的渊源

健美操的起源应追溯到两千多年前。古希腊人对人体美的崇尚举世闻名。他们认为，在世界万物之中，只有人体的健美才是最匀称、最和谐、最庄重、最有生气和最完美的。古希腊人喜爱采用跑跳、投掷、柔软体操和健美舞蹈等各种体育项目进行人体美的锻炼。他们提出了"体操锻炼身体，音乐陶冶精神"的主张。

古印度很早就流行一种瑜伽术，它把姿势、呼吸和意念紧密结合起来，通过调身（摆正姿势）、调息（调整呼吸）、调心（意守丹田入静），运用意识对肌体进行自我调节，健美身心，达到延年益寿的效果。瑜伽健身术动作包括站立、跪、坐、卧、弓步等各种基本姿势。这些姿势与当前流行的健美操所常用的基本姿势是一致的。古代人对健身健美的追求，以及提倡体操与音乐相结合的主张是现代健美操形成与发展的基础。

19 世纪末, 20 世纪初, 欧洲出现了许多体操流派, 他们在理论和实践上的创新对健美操的发展起到了推动作用。20 世纪 60 年代初, 则是健美操的萌芽时期。它最早是由美国太空总署的医生库帕博士为太空人设计的体能训练内容。而 20 世纪 80 年代初, 随着遍及全球的健身热和娱乐体育的发展, 健美操以其强大的生命力风靡世界。美国是对世界健美操的发展有着重要影响的国家, 其代表人——影视明星简·方达, 根据自己的健身体会和经验, 撰写了《简·方达健美术》一书。该书自 1981 年出版后, 在世界上引起了轰动。她现身说法, 促进了健美操在世界范围内的推广。与此同时, 自 1985 年开始, 美国正式举办一年一度的健美操锦标赛, 并确定了竞赛项目和规则, 使健美操发展成为竞技性运动项目。

健美操不仅在美、英、法等国家迅速发展, 而且在一些发展中国家和地区也得到不同程度的开展。苏联早已把健美操列入大、中、小学的体育教学大纲。在亚洲地区, 日本、菲律宾、新加坡等国家也建有许多健美操活动中心及健身俱乐部, 人们都开始将健美操作为自己的主要健身方式, 由此形成了世界范围内的"健美操热"。

1983 年, 美国举行了首届健美操比赛。1984 年, 首届远东区健美操大赛在日本举行, 因此, 健美操运动在世界各地全面兴起。每年国际上举办的活动有：健美操世界锦标赛、世界杯赛、世界冠军赛、世界巡回赛。

1992 年 9 月成立了中国健美操协会, 总部设在北京。1987 年, 北京举办了首届全国健美操邀请赛, 随后 1988、1989、1990、1991 年先后在北京、贵阳、昆明、北京举办了四届邀请赛。1992 年起改名为全国锦标赛, 成为每年举办的传统赛事。

另外, 1992、1995 年在北京举办了两届全国健美操冠军赛。1998 年, 举办了全国锦标赛暨全国健美操运动会。

随着人民生活水平的不断提高, 健美操所特有的保健、医疗、健身、健美、娱乐的实用价值受到越来越多的人的重视, 吸引了不同年龄的爱好者, 形成了一定规模的消费群体。各级电视台纷纷制作以健美操竞赛、普及为内容的专题节目, 其收视率远远超过其他节目。

由于健美操比赛可在体育馆和舞台上举行, 加之健美操运动时场地运用集中的特点, 给企业结合比赛进行广告宣传创造了机会。健美操项目受到越来越多的企业的青睐。

三、健美操分类

健美操可分竞技性健美操和健身性健美操、表演性健美操三大类。竞技性健美操根据竞技健美操规则的要求进行编制、训练、比赛。健身性健美操是普及性的，没有统一要求，适合所有年龄段的人。具体健美操的分类，如表8-1所示。

表8-1　健美操分类

健身性健美操	表演性健美操		竞技性健美操
徒手健美操	器械健美操	特殊场地健美操	男子单人
一般健美操	健身球操	水中健美操	女子单人
全身健美操	踏板操	固定器械健美操	混合双人
搏击健美操	哑铃操		三人
瑜伽健身术	杠铃操		集体操
拉丁健身操	橡皮筋操		有氧舞蹈
街舞			有氧踏板

四、如何欣赏健美操

（一）竞技性健美操

竞技性健美操在音乐伴奏下，通过难度动作的完美完成，展示运动员连续表演复杂和高强度动作的能力。成套动作必须通过所有动作、音乐和表现的完美融合体现创造性。

竞技性健美操在练习场地的大小、练习人数的多少、特定动作、动作节奏快慢等方面有严格统一的标准，必须按规则进行，不得擅自更改。

竞技性健美操起源于传统的有氧健身操。作为竞技运动，它的比赛是由以下几项目组成的：男子单人，女子单人，混合双人，三人（三名运动员性别任选），集体操（五人性别不限），有氧舞蹈，有氧踏板。

单人比赛时间限制在1分30秒上下浮动5秒钟。混双（混合双人）、三人、集体操时间限制在1分45秒上下5秒浮动。单人比赛场地为7米×7米（混双、三人，集体操场地为10米×10米）。比赛服装也有专门的规定，一般为紧身的专业健美操服装，比赛有专门的竞赛规则，对每一具体细节都做出详细的说明。

下面介绍下评判竞技性健美操的标准。

（1）艺术性。成套动作艺术性的要求是：充满活力，有创造性，以健美操方式表现动作设计和流畅的过渡动作。成套动作必须显示身体双侧的力量和柔韧性而不重复同一动作。

（2）完成。任何未按竞技性健美操定义完成的动作都将被扣分。混双和三人（六人）健美操成套中最多允许 3 次托举或支撑配合动作，包括开始和结束。

（3）难度。至少每类难度动作各一个，难度分将是 10 个最高难度动作的总分。

（二）健美操——健身性健美操

健身性健美操的目的在于增进健康，可为社会不同年龄层次的人所采用。它根据练习对象的需求进行创编，动作简单易学，节奏稍慢，时间长短不等，可编排 5 分钟到 1 小时。例如，美国著名健美操明星简·方达所编的《初级健美操》，完成一套动作的时间有 27 分钟。在日本，一般的健美操的时长约 1 小时左右。目前我国健身性健美操运动开展非常广泛，各种成套健美操动作的练习时间、场地、人数、内容、动作名称、节奏快慢等没有统一的标准，可以根据练习者的需要进行编排。

（三）健美操——拉丁健身操

拉丁健身操来源于国标中的拉丁舞，但绝对不强调基本步伐，更确切地说，它是健身性健美操的一种，强调能量消耗，对动作的细节要求不高，注重运动量和对髋、腰、胸、肩部关节的活动。

拉丁健身操自由随意，热情奔放，节奏明显。它的锻炼侧重点在于腰和髋部，同时使大腿内侧得到充分锻炼。拉丁健身操的另一个特点是在热烈奔放的拉丁音乐中感受南美风情，同时在健身操中增加舞蹈元素，在锻炼之外更可自我享受。拉丁健身操要求百分之百的情绪投入，越是淋漓尽致地把拉丁的感觉发挥出来，就越能在音乐中释放情绪，燃烧激情的同时，也让你的脂肪一起燃烧。

（四）健美操——街舞

街舞所用音乐一般为"Hip Hop"或"punk"，其由黑人街头即兴舞蹈演变而来。而现今融入了有氧舞蹈元素，以明显的节奏搭配，全身上下的自由摆动，有更多的趣味性，一样可以达到减肥瘦身的效果。如可以增进协调性、心肺功能，甚至肌力等，所以专业的有氧教练也逐一将 Disco、Jazz 等各类型的舞蹈，加以整合而成，让你在一堂课中，不断吸收新奇好玩的舞步，又可达到减肥塑身的目的。

运动强度可根据动作的掌握、对音乐的理解自行调节，可作为提高协调性的减脂运动，最重要的是调节心情、缓解压力、追求与众不同的感觉。

（五）健美操——搏击健美操

搏击健美操（简称搏击操）最早是由欧洲的搏击选手与职业健身操运动员推出的，而其具体形式都是将拳击、空手道、跆拳道、功夫，甚至一些舞蹈动作混合在一起，并配合强劲的音乐，成为一类风格独特的有氧健身操。一节完整的搏击操会消耗大量的热量，由于搏击操动作多变，包括如直拳、勾拳、摆拳、正踢、侧踢、侧蹬等搏击动作，而且在做每个动作时要求迅猛，有爆发力，所以在锻炼全身每一块肌肉的同时，我们身体的弹性、柔韧性及反应速度也将得到前所未有的提高。

尤其是搏击健美操中的所有动作几乎都要求腰腹保持平衡并发力，所以一节课下来对腰腹部的锻炼超过了任何其他健身方式。

五、如何上好健美操课

（一）服装

最好选择有弹性、纯棉、柔软、舒适的服装。每次练习后，要及时清洗服装，保持服装干爽。鞋子不仅要大小合适，而且要有衬垫，并具备一定的弹性和弯曲性。切忌穿高跟鞋和厚底鞋。

（二）课外资料（见表8-2）

表8-2　健美操课外资料

书名	作者	索书号	馆藏地
健美操	崔云霞	G831.3/1214	金湖校区—流通库420
健美操套路教与学	赵栩博，崔海燕	G831.3/4444	金湖校区—流通库420
健美操教程	赵晓玲	G831.3/4461*2	金湖校区—流通库420
健美操运动教程	马鸿韬	G831.3/7735	金湖校区—流通库420

（三）课程目标

健美操是在音乐伴奏下，以身体练习为基本手段、以有氧运动为基础，达到增进健康、塑造形体和健身娱乐目的的一项体育运动。教学中以健身、健美、健心，激发学生锻炼兴趣为主线，注重学生的素质教育和创新意识，强化实践性、自主性和合作性学习；使学生懂得科学锻炼的方法，培养自觉锻炼身体的习惯，提高人际交往能力完善人格修养。

通过本课程的学习，使学生达到以下具体的目标：

（1）了解有氧健美操的基本知识、竞赛方法和简单的基本规则，并能初步地应用健身方法。

（2）掌握健美操常用的4种基本手型、8种基本步伐和一个套路组合动作及常用的有氧健美操的基本方法。

（3）全面发展身体素质，改善身体的协调性和灵活性，塑造优美形体，树立终身体育观念。

（4）形成积极向上的良好心理品质，发展人际交往与合作精神。

（四）教学内容及过程

（1）教学内容：健美操的常用手型、上肢基本动作和练习方法；健美操基本步伐和练习方法；大众健美操套路动作的构成、音乐节奏和练习方法；形体健身操和素质的练习方法。

（2）教学过程：第一阶段，利用演示法、讲解法、示范法来学习健美操的基本技术知识和理论知识；第二阶段，利用讲解法、示范法、分解练习法、小组学习法来学习健美操的各项基本技术动作；第三阶段，利用所学基本技术动作，完成成套动作的学习和演练，最后达到能独立完成一套完整健美操动作的要求。

（五）成绩评定

（1）成绩评价的构成：

学期	项目	分值占比/%
1	课堂考勤	30
2	技能考核	30
3	体能考核	40

（2）考勤要求。

健美操选项课堂考勤	>13 次	13 次	12 次	11 次	10 次	<10 次
分值	100	90	80	70	60	无成绩

说明：旷课一次扣 3 分，请假一次扣 2 分，迟到、早退一次扣 1 分，旷课达 5 次得 0 分。

（3）技能考核要求：规定套路动作或组合动作进行。

规定套路动作：按套路动作考试要求进行，即按表现力、动作、音乐节奏和身体姿态等进行综合评定。

组合动作：运用健美操 4～5 个基本步伐动作，组合编排动作片段，用音乐展示动作，并从表现力、动作编排、音乐节奏和身体姿态等进行综合评定。

（4）体能项目测试标准，参照《国家学生体质健康测试标准》。

（六）注意事项

（1）合理安排练习时间与次数。饭前练习后要休息半小时才能用餐，饭后练习则要休息 1 小时以上才能进行；晚上练习，要在临睡前两小时结束。

（2）练习完毕，要做整理活动。运动后最好洗个热水澡。

（3）健美操融体操、舞蹈、音乐为一体，以有氧练习为基础，为广大青少年所青睐，但是跳健美操要想取得良好的效果，一些细节不能忽视。

（4）着装应根据季节的变化和练习环境的温度适当变化。穿棉质弹性好的服装宜于运动，特别强调运动时一定穿运动式弹性好的、柔软性强的运动鞋和运动袜子。

（5）课前忌空腹，及时补充水分。

（6）注意动作的规范性、动作的弹性、动作的节奏感。

小贴士

（一）时间的控制

跳健美操并不是跳得越久效果越好。尤其是刚刚开始进入跳健美操的朋友们，应该根据自己的实际身体情况来选择合适的时间。一般最佳跳健美操的时间是下午。在大热天，下午阳光退去时分，个人的精神活力开始起来的时候，跳健美操最容易达到减肥瘦身的效果。

（二）选择适合自己的方式

有些健美操运动量非常大，这比较适合长期有锻炼的人士，对目标的追求不同，跳健美操的种类选择也应该有所不同。例如，瑜伽也有分高温瑜伽与普通瑜伽。一般情况下，依据目的，分为健身性健美操和竞技性健美操；还有分女子健美操和男子健美操；依据练习方式，分为徒手健美操和持轻器械或专门器械的健美操，例如健美球操；根据局部的训练，还有分为颈部健美操、腹部健美操、腿部健美操等；这些健美操的选择都应该根据各人的情况和各人的练习目的来选择。

（三）衣服的搭配

跳健美操应该选择有弹性的运动服装，以动作不受束缚为好。棉制服装吸汗性较强，适合运动时穿着。有人为减肥，喜欢穿塑胶紧身衣运动，事实上，这对减肥帮助非常有限。塑胶紧身衣可以使人在运动时大量出汗，但这样减轻的体重容易反弹。所以，穿着合适的衣服来跳健美操是相当重要的。

第二节　器械健身

一、正确认识器械健身课

健身的范围很广阔，严格说来，体育也是健身的一部分。不过作为体育课中的器械健身课，则是用器械锻炼来塑造完美身材的课程，是很多男士和女士喜欢的一种锻炼方式。

健美和健身是两个不同的概念。健身是健美的初级阶段，要求简单：身体健康，身姿端正，动作协调等就可以了，健身大多数人能够做到。而健美，不仅要达到健身的目的，还需要具有超常的健康和超常的毅力来进行训练，以使身体各肌肉群的肌肉饱满、形状美观，肌肉线条清晰，全身匀称，并且运动员的肩、背、腹、腿等各个肌肉的围度也是审美的参考依据。健美对于腿部力量和肌肉的分离度与质感要求比较严格。而健身往往要求一种综合素质的体现，不光是发达的肌肉，而且要求整体的线条美。

健美是与人的形体美密切相关的，健美是形体美的基础。人体有对称的造型，均衡的比例，流畅的线条，坚强的骨骼，匀称的四肢，丰满的躯体，弹性的肌肉，健康的肤色，这是形体美不可缺少的条件。健美还要求具有充沛的精神、愉快的情绪和青春的活力。

美的人体应该是健、力、美的结合。美的人体应该是健康的，没有健康的身体，就没有人的形体美。只有健康、匀称的人体形象，才能表现出富有生命力的美，才能显示出生机勃勃和充沛的精力，才能成为人的本质力量的承载体。要造就健美的体型，应积极参加体育锻炼和适当的体力劳动。因为健美的身体可以通过后天锻炼获得。人的身体结构是十分完善的，具有极大的可塑性，必要的营养和经常参加劳动，坚持体育锻炼，是健美身体的条件，它能使肢体各个部位得到匀称的发展，肌肉会结实而富有弹性，关节灵活，体型完善，面色红润。

二、器械健身的渊源

（一）发源和早期

早在古希腊时代的运动健将就用举重物来锻炼身体，并得到强壮健美的体型，这些健美的运动员，被雕塑家"记录"下来并留存至今。这是健美运动的早期萌芽。

在早期我们通常称器械健身为健美。19 世纪晚期，德国人尤金·山道首创了通过各种姿态来展示人体美，而且为现代健美运动的发展奠定了基础，所以他被公认为"国际健美运动的创始人"和"世界上第一位健美运动员"。

人们一般认为健美的"早期"是 1880 年至 1930 年这段时期。

18 世纪末，德国大体育家山道，在伦敦音乐厅进行了一次轰动社会的表演。他那发达的肌肉和和谐的体型，犹如一座完美的艺术雕像，使数千名观众为之倾倒，从而开创了健美运动的先河。

在现代，健美运动是以展示人体美为特征的。男子的健美标准是：身材高大而强壮，肌肉发达而均衡，肩宽臂圆，体力充沛，体质健康等。女子的健美标准是：体型匀称，姿态优雅，胸部丰满，肩圆腰细，肤色光洁润泽等。健美要与心灵美相结合，有了健康美好的心灵，才能有健康美好的情绪，才能有健康美好的姿态动作和健康美好的行为，只有心灵美，才能有真正的健美。

20 世纪 20 年代《肌肉发达法》《力的秘诀》等颇具影响的专著从理论上肯定了健美运动的作用。从 20 世纪 30 年代起，在一些欧美国家，健美表演逐渐变成一项竞技比赛——健美比赛，并扩展到世界各地，20 世纪 40 年代初，加拿大人本韦德兄弟周游 90 多个国家和地区，宣传推广健美运动，于 1946 年创建了国际健美联合会，并商定和推行国际性健美比赛的组织、规则、裁判、奖励等事项。

（二）健美黄金时期

健美的"黄金时期"一般是指从 1940 年左右一直到 1970 年。在这段时期中，早期审美观开始发生变化，人们追求更加庞大的肌肉，对肌肉的对称性和轮廓清晰度提出更高要求。这很大程度上是由于曾经的"二战"爆发使很多年轻人开始追求更加强壮的体格和更烈的性格，他们通过改善训练技巧、提高营养水平及使用更有效的器械达到了这些目的。很多有影响力的发行刊物也开始出现，新的比赛也应健美运动的发展而兴起。

美国的加利福尼亚州威尼斯市的"肌肉海滩"是这段时期的健美的标志。这段时期健美界著名的人物包括史蒂芬·里维斯（Steve Reeves）[因饰演赫拉克勒斯（Hercules，希腊神话著名大力士）及其他古代力士英雄形象而出名]、雷格·帕克（Reg Park）、约翰·格里梅克（John Grimek）、赖利·斯考特（Larry Scott）、比尔·珀尔（Bill Pearl）及"小天使"艾文·科泽斯基（Irvin Koszewski）。

随着美国业余竞技联盟（Amateur Athletic Union，AAU）的兴起，AAU 于 1939 年在既有的举重比赛中增加了健美比赛项目，第二年该赛事被命名为"AAU 美国先生"（AAU Mr. America）。20 世纪 40 年代前后，大部分健美运动员开始抱怨 AAU 只允许业余运动员参赛，并且仅仅偏重于奥运会举重项目的做法。这促使韦德兄弟——本·韦德和乔·韦德——发起组织了国际健美联合会（International Federation of Body Builders，IFBB）。他们组织的比赛"IFBB 美国先生"（IFBB Mr. America）对职业选手开放。

1950 年，另一个名为国家业余健美协会（National Amateur Body Builders Association，NABBA）开始在英国举办"NABBA 宇宙先生"（NABBA Mr. Universe）的比赛。1965 年，又一个重大赛事"奥林匹亚先生"（Mr. Olympia）开始举办。目前"奥林匹亚先生"是健美界顶级的赛事。

起初健美比赛仅由男性参加，到后来的 1965 年 NABBA 开始加入"宇宙小姐"（Miss Universe），到 1980 年"奥林匹亚小姐"（Ms. Olympia）也开始被引入。

（三）健美现代时期

20 世纪 70 年代，由于阿诺德·施瓦辛格的影片《铁金刚》（Pumping Iron），健美吸引了很多公众的眼光。在这之前，IFBB 已经在此项运动中占统治地位，AAU

占一席之座。

1981 年，吉姆·马尼奥恩（Jim Manion）刚从 AAU 委员会主席职位卸任，便成立了国家体格委员会（National Physique Committee，NPC）。NPC 开始成为全美最成功的健美组织，它是 IFBB 的业余组分部。20 世纪 80 年代末 90 年代初，AAU 赞助的健美赛事每况愈下；1999 年，AAU 通过投票决定停办健美赛事。在这段时期，类固醇开始被越来越多地使用在健美及其他运动项目中。为了抵制这一现象，IFBB 开始引入针对类固醇和其他禁用物质的药检制度，这也是为了使 IFBB 能被国际奥委会接纳为会员。尽管有了药检制度，大部分职业健美运动员仍然为了比赛继续使用类固醇。20 世纪 70 年代，人们还能公开讨论类固醇的使用，因为它在当时完全合法；然而 1990 年美国国会通过的《类固醇管制法案》将类固醇列为《管制物品法案》中的 III 级管制物品。

1990 年，职业摔跤团体发起人文斯·麦克马洪（Vince McMahon）宣布成立一个新的健美组织"世界健美联盟"（World Bodybuilding Federation，WBF）。麦克马洪希望把世界摔跤联盟（WWF）那种风格的表演和更加丰厚的奖金带入健美界，并与 13 名参赛的运动员签了劳资丰厚的合同，实际上其中一些人在那时的健美界中只是无名小卒。投身 WBF 的运动员很快就抛弃了 IFBB。作为对 WBF 成立的回应，IFBB 主席本·韦德（Ben Weider）将那些与 WBF 签订合同的健美运动员列入黑名单。IFBB 还偷偷停止了对其旗下运动员的类固醇药品检查制度，因为进行药检的 IFBB 与不进行药检的新成立组织对抗过于困难。1992 年，美国联邦调查局（FBI）开始调查文斯·麦克马洪及 WBF 组织涉嫌类固醇交易一案，麦克马洪被迫为 WBF 运动员建立药检制度。麦克马洪于 1992 年 7 月正式解散 WBF，原因可能是他对 WBF 比赛转播的付费观看收入及 WBF 刊物《健美生活》（后来此杂志变为《WBF 杂志》）销售状况不乐观，加上多份 6 位数的合同、每月两次的电视转播及每月一期杂志的发行，WBF 的运营入不敷出。然而，WBF 的成立对于 IFBB 运动员来说有两点好处：其一，它促使 IFBB 创始人乔·韦德与许多顶级健美明星签订了合同；其二，它促使 IFBB 提高了签署合同的奖金额度，乔·韦德最终也让那些曾经与 WBF 签过合同的运动员缴纳他们在 WBF 年薪的 10% 作为罚金，重新回到 IFBB。

21 世纪伊始，IFBB 试图将健美推广为奥运会项目。2000 年，IFBB 成为国际奥委会正式成员，并试图让健美成为奥运会展示项目，进而成为常规项目，但是最终未能成功。健美是否符合奥林匹克体育运动的定义这一点尚有争议，有人认为健美比赛的过程中并不涉及体育性竞争。另外还有人总有一种错觉，认为健美比赛一定会涉及奥运会严格禁用的类固醇。赞成者则认为健美中的造型比赛项目需要技巧和准备，因此健美应当被认为是一项体育。

2003 年，乔·韦德将韦德出版社（Weider Publications，Inc.）卖给了发行 *The National Enquirer* 的美国媒体集团（AMI，American Media，Inc.），同时本·韦德连任 IFBB 主席。2004 年，奥林匹亚先生比赛的主办人韦恩·戴米勒突然离开 IFBB，比赛转由 AMI 主办。

（四）健美的后现代时期

经过健美运动的极大发展，渐渐地将人们追求身体形态美的方向引入一个极端，变得让一般人遥不可及。尤其是让体质不如欧美人的亚洲人望尘莫及。但是近年来，随着人们健康知识水平的不断提高，对于健身理解的深入研究，开始希望将健美运动慢慢变得大众可以参与的一项运动，所以又将大众的视线回归到健美的初级阶段——器械健身。

器械健身，这个名称顾名思义，利用器械进行身体各技能的锻炼，以达到最后身体健康、塑造优美体形的目的。所以器械健身是由健美运动的发展而被大家所接受的。

三、如何上器械健身课

（一）服装

因为课程对服装要求不高，所以只需根据天气选择适合的运动服和运动鞋即可。

（二）课外资料（见表 8-3）

表 8-3　器械健身课外资料

书名	作者	索书号	馆藏地
器械健身实战宝典	成振	G883/5351	金湖校区一流通库 420
健身健美运动教程	健身健美运动教程编写组	G883/2522	金湖校区一流通库 420
健美健身运动学	刘绍东，张彦秋	G831.3/0224	金湖校区一流通库 420
健美健身运动系统训练	（美）尼克·伊万斯著 张嘉源译	G883/2714	金湖校区一流通库 420
健美形体训练法	高留红，张予南	G883/0072	金湖校区一流通库 420

（三）课程目标

通过本课程的学习，以器械练习为主要手段，通过技能学习和科学锻炼，以增强体质、增进健康和提高体育素养为主要目标。

通过一学期的学习，初步达到：

（1）能了解和应用器械健美健身基本的理论知识。

（3）初步掌握全身七大部位的 32 种器械健身健美锻炼的方法。

（4）增强身体素质，树立终身体育观念。

（5）形成积极向上的良好心理品质，发展人际交往与合作精神。

（四）教学内容及过程

（1）教学内容：肩背部的自由重量和器械练习方法，臂部的自由重量和器械练习方法，胸部的自由重量和器械练习方法，腰腹腿臀部的自由重量和器械练习方法，全身综合练习应用。

（2）教学过程：第一阶段，利用演示法、讲解法、示范法来学习器械健身的基本技术知识和理论知识；第二阶段，利用讲解法、示范法、分解练习法、小组学习法来学习器械健身的各项基本技术动作；第三阶段，利用所学基本技术动作，反复练习以达到塑身健体的效果，最后能完成规定负重的技术动作。

（五）成绩评定

（1）成绩评价的构成：

序号	项目	分值占比/%
1	课堂考勤	30
2	耐力、力量素质	20
3	俯卧撑（男）、仰卧起坐（女）	30
4	学生体质健康标准测试	20

（2）评分说明。

● 考勤：

上课考勤（10 分/次）	>13 次	13 次	12 次	11 次	10 次	<10 次
阳光长跑（3 分/次）	>30 次	27 次	23 次	20 次	17 次	<17 次
分值	100	90	80	70	60	无成绩

● 仰卧撑或仰卧起坐（按规定节奏完成俯卧撑或仰卧起坐的数量）：

分值	标准	俯卧撑或仰卧起坐
100	男子：40	女子：45+
60	男子：20	女子：25
60 分以下	男子：20-	女子：25-

学生体质健康测试成绩同《国家学生体质健康测试标准》。

● 耐力素质测验（男子 1000 米，女子 800 米，要求同《国家学生体质健康测试标准》）：

男生 1000 米		女生 800 米		男生 1000 米		女生 800 米	
分值	成绩	分值	成绩	分值	成绩	分值	成绩
100	3'27"	100	3'24"	75	3'58"	75	3'58"
98	3'28"	98	3'27"	72	4'05"	72	4'03"
96	3'31"	96	3'29"	69	4'12"	69	4'08"
94	3'33"	94	3'32"	66	4'19"	66	4'13"
92	3'35"	92	3'35"	63	4'26"	63	4'18"
90	3'39"	90	3'38"	60	4'33"	60	4'23"
87	3'42"	87	3'42"	50	4'40"	50	4'30"
84	3'45"	84	3'46"	40	4'47"	40	4'37"
81	3'49"	81	3'50"	30	4'54"	30	4'44"
78	3'53"	78	3'54"	20	5'01"	20	4'51"

（3）其他说明。

形成性考核零分者，本学期体育成绩不及格或补考，需重修。

（六）注意事项

1. 一定要学会保护自己

记住：健身是为了自己的身体而做的，切勿过量或过深，这都会让你的身体状况受到损耗甚至受伤！可以找个教练给你推介训练量，合理地安排训练时间或其他内容。

2. 不要感到害怕

健身房的初到者，总能在健身房中看到个个都是胖大个，个个都臂粗腰大，从而有畏惧心理而对健身出现抵触情绪。请摈弃这种心理，那些胖大个也是从初学者开始变化的。

3. 正确使用器材（动作）

健身初学者常常会出现做俯卧撑手累，做腹肌锻炼脖子疼，总之该哪里酸的没反应，倒是仿佛锻炼了别的地方。这倒不是好事，动作不标准是对你的训练没有明显效果的，而且会加大你受伤的概率，请观看视频或找专业人士来指导。

4. 要做好热身准备

总有人到了健身房后就开始奋力地练，觉得这些不过是小菜一碟。然后选了负荷更重的，这样就可能拉伤肌肉。我们不可学习这种做法，一定要在练前认认真真地热身，身体有反应后锻炼效果也会更好。

5. 注意饮食

健身即能消耗你的热量及能减的肌肉，而你吃东西则在补充这些热量和肌肉，况且吃东西比健身要容易许多，几十分钟的锻炼消耗量在十几分钟的饮食中就会被弥补回去，所以我们要控制饮食，不可让健身做无用功。

6. 带着目标和希望

你究竟是想瘦身，减脂，还是增肌？有了明确的目标才会有动力，才会找到正确的方法，才会越练越有劲。即使没有条件去健身房，如果在家里有时间，也可以买一块小白板写上计划或项目，严格执行。

小贴士　　　　　　　　　**增大肌肉块的技巧**

增大肌肉块的 14 大技巧为：大重量、低次数、多组数、长位移、慢速度、高密度、念动一致、顶峰收缩、持续紧张、组间放松、多练大肌群、训练后进食蛋白质、休息 48 小时、宁轻勿假。

1. 大重量和低次数

健美理论中用 RM 表示某个负荷重量能连续做的最高重复次数。比如，练习者对一个重量只能连续举起 5 次，则该重量就是 5RM。研究表明：1～5RM 的负荷训练能使肌肉增粗，发展力量和速度；6～10RM 的负荷训练能使肌肉粗大，力量速度提高，但耐力增长不明显；10～15RM 的负荷训练使肌纤维增粗不明显，但力量、速度、耐力均有长进；30RM 的负荷训练能使肌肉内毛细血管增多，耐久力提高，但力量、速度提高不明显。可见，5～10RM 的负荷重量适用于增大肌肉体积的健美训练。

2. 多组数

必须专门抽出 60～90 分钟的时间集中锻炼某个部位，每个动作都做 8～10 组，才能充分刺激肌肉，同时肌肉需要的恢复时间越长。一直做到肌肉饱和为止，"饱和度"要自我感受，其适度的标准是：酸、胀、发麻、坚实、饱满、扩张，以及肌肉外形上的明显粗壮等。

3. 长位移

不管是划船、卧推、推举、弯举，都要首先把哑铃放得尽量低，以充分拉伸肌肉。这一条与"持续紧张"有时会矛盾，解决方法是快速地"锁定"状态。不过，我并不否认大重量的半程运动的作用。

4. 慢速度

慢慢地举起，再慢慢地放下，对肌肉的刺激更深。特别是，在放下哑铃时，要控制好速度，做退让性练习，能够充分刺激肌肉。很多人忽视了退让性练习，把哑铃举起来就算完成了任务，很快地放下，浪费了增大肌肉的大好时机。

5. 高密度

"密度"指的是两组之间的休息时间，只休息1分钟或更少时间称为高密度。要使肌肉块迅速增大，就要少休息，频繁地刺激肌肉。"多组数"也是建立在"高密度"的基础上的。锻炼时，要像打仗一样，全神贯注地投入训练，不去想别的事。

6. 念动一致

肌肉的工作是受神经支配的，注意力密度集中就能动员更多的肌纤维参与工作。练某一动作时，就应有意识地使意念和动作一致起来，即练什么就想什么肌肉工作。例如：练立式弯举，就要低头用双眼注视自己的双臂，看肱二头肌再慢慢地收缩。

7. 顶峰收缩

这是使肌肉线条练得十分明显的一项主要法则。它要求当某个动作做到肌肉收缩最紧张的位置时，保持一下这种收缩最紧张的状态，做静力性练习，然后慢慢回复到动作的开始位置。我的方法是感觉肌肉最紧张时，数1~6，再放下来。

8. 持续紧张

应在整个一组中保持肌肉持续紧张，不论在动作的开头还是结尾，都不要让它松弛（不处于"锁定"状态），总要达到彻底力竭。

9. 组间放松

每做完一组动作都要伸展放松。这样能增加肌肉的血流量，还有助于排除沉积在肌肉里的废物，加快肌肉的恢复，迅速补充营养。

10. 多练大肌群

多练胸、背、腰臀、腿部的大肌群，不仅能使身体强壮，还能够促进其他部位肌肉的生长。有的人为了把胳膊练粗，只练胳膊而不练其他部位，反而会使二头肌的生长十分缓慢。建议安排一些使用大重量的大型复合动作练习，如大重量的深蹲练习，它们能促进所有其他部位肌肉的生长。这一点极其重要，可悲的是至少有 90%的人都没有引起足够重视，以致不能达到期望的效果。因此，在训练计划中要多安排硬拉、深蹲、卧推、推举、引体向上这 5 个经典复合动作。

11. 训练后进食蛋白质

在训练后的 30～90 分钟中，蛋白质的需求量达到高峰，此时补充蛋白质效果最佳。但不要训练完马上吃东西，至少要隔 20 分钟。

12. 休息 48 小时

局部肌肉训练一次后需要休息 48～72 小时才能进行第二次训练。如果进行高强度力量训练，则局部肌肉两次训练的间隔 72 小时也不够，尤其是大肌肉块。不过腹肌例外，腹肌不同于其他肌群，必须经常对其进行刺激，每星期至少要练 4 次，每次约 15 分钟；选三个对你最有效的练习，只做 3 组，每组 20～25 次，均做到力竭；每组间隔时间要短，不能超过 1 分钟。

13. 宁轻勿假

这是一个不是秘诀的秘诀。许多初学健美的人特别重视练习重量和动作次数，不太注意动作是否变形。健美训练的效果不仅仅取决于负重的重量和动作次数，而且还要看所练肌肉是否直接受力和受刺激的程度。如果动作变形或不到位，要练的肌肉没有或只是部分受力，训练效果就不大，甚至会出现偏差。事实上，在所有的法则中，动作的正确性永远是第一重要的。宁可用正确的动作举起比较轻的重量，也不要用不标准的动作举起更重的重量。不要与人攀比，也不要把健身房的嘲笑挂在心上。

第三节　体育舞蹈

一、认识体育舞蹈运动

体育舞蹈也称"国际标准交谊舞"，体育运动项目之一，是以男女为伴的一种步行式双人舞的竞赛项目，分两个项群，10 个舞种。其中摩登舞项群含有华尔兹、维也纳华尔兹、探戈、狐步和快步舞；拉丁舞项群包括伦巴、恰恰、桑巴、牛仔和斗牛舞。每个舞种均有各自舞曲、舞步及风格。根据各舞种的乐曲和动作要求，组编成各自的成套动作。

二、体育舞蹈的渊源

标准交谊舞起源于古代土风舞，经历对舞、圈舞、行列舞、集体舞等演变过程，成为流传广泛的社交舞蹈。19 世纪 20 年代后，英国皇家舞蹈教师协会对原"舞种""舞步""舞姿"等进行规范整理，制定比赛方法，开始形成国际标准交谊舞，并于 1947 年在德国柏林举行第一届世界标准交谊舞锦标赛。现已发展成艺术性高、技巧性强的竞技性项目。

中国体育舞蹈联合会的前身是 1991 年成立的中国体育舞蹈运动协会。中国体育舞蹈运动协会于 2000 年 8 月在北京召开代表大会进行了换届选举，产生了新的协会领导机构。2002 年 4 月，随着国际体育舞蹈联合会被国际奥委会所承认，体育舞蹈开始进入世界综合性运动会。在这种形势下，经国家体育总局党组和文化部党组批准，中国体育舞蹈运动协会与文化部所属的中国业余舞蹈竞技协会经过协商，组建了中国体育舞蹈联合会，并在民政部重新登记注册。

三、体育舞蹈舞种简介

（一）摩登舞（modern）

摩登舞又译"现代舞"，体育舞蹈项群之一，内容包括华尔兹、维也纳华尔兹、探戈、狐步和快步舞。其特点是由贴身握抱的姿势开始，沿着舞程线逆时针方向绕场行进。步法规范严谨，上体和胯部保持相对稳定挺拔，完成各种前进、后退、横向、旋转、造型等舞步动作，具有端庄典雅的绅士风度。曲调大多抒情优美，旋律感强。服饰雍容华贵，一般男着燕尾服，女着过膝蓬松长裙。

（二）体育舞蹈拉丁舞（latin）

拉丁舞，体育舞蹈项群之一，内容包括伦巴、恰恰、桑巴、牛仔和斗牛舞。其特点是舞伴之间可贴身，可分离。各自在固定范围内辐射式地变换方向角度，展现舞姿。步法灵活多变，各舞种通过对胯部及身体摆动不同的技术要求，完成各种舞步，表现各种风格。舞姿妩媚潇洒，婀娜多姿。风格生动活泼，热情奔放。曲调缠绵浪漫，活泼热烈，节奏感强。着装浪漫洒脱，男着上短下长的紧身或宽松装，女着紧身短裙，显露女性曲线的美。

拉丁舞又称拉丁风情舞或自由社交舞，是拉美人民在漫长的历史长河中形成的具有鲜明特点的激情、浪漫而又富有活力、火热的艺术表现形式，有较大的自由发挥空间，以运动肩部、腹部、腰部、臀部为主的一种舞蹈艺术。

（三）体育舞蹈华尔兹舞（waltz）

华尔兹舞，用 W 表示，也称"慢三步"，摩登舞项目之一。舞曲旋律优美抒情，节奏为 3/4 的中慢板，每分钟 28～30 小节。每小节三拍为一组舞步，每拍一步，第一拍为重拍，三步一起伏循环。通过膝、踝、足底、跟掌趾的动作，结合身体的升降、倾斜、摆荡，带动舞步移动，使舞步起伏连绵，舞姿华丽典雅。华尔兹舞是维也纳华尔兹（快三步）的变化舞种。19 世纪中叶，维也纳华尔兹传到美国，当时美国崇尚舒缓、优美的舞蹈和音乐，于是将快节奏的维也纳华尔兹逐渐改变成悠扬而缓慢、有抒发性旋律的慢华尔兹舞曲，舞蹈也改变成连贯滑动的慢速步型，即今之华尔兹舞。

（四）体育舞蹈维也纳华尔兹（viennese waltz）

维也纳华尔兹，用 V 表示，也称"快三步"，摩登舞项目之一。舞曲旋律流畅华丽，节奏轻松明快，为 3/4 拍节奏，每分钟 56～60 小节，每小节为三拍，第一拍为重拍，第四拍为次重拍。基本步伐是六拍走六步，二小节为一循环，第一小节为一次起伏。基本动作是左右快速旋转步，完成反身、倾斜、摆荡、升降等技巧。舞步平稳轻快，翩跹回旋，热烈奔放，舞姿高雅庄重。维也纳华尔兹源于奥地利的一种农民舞蹈，由男女成对扶腰搭肩共同围成一个圆圈而舞，故称为"圆舞"。著名的约翰·施特劳斯为华尔兹谱写了许多著名的圆舞曲。

（五）体育舞蹈探戈舞（tango）

探戈舞，用 T 表示，摩登舞项目之一。2/4 拍节奏，每分钟 30～34 小节。每小节二拍，第一拍为重拍。舞步有快步和慢步，快步（quick）占半拍，用 Q 表示；慢步（slow）占一拍，用 S 表示。基本节奏是慢、慢、快、快、慢（S、S、Q、Q、S）。舞曲节奏带有停顿并强调切分音；舞步顿挫有力，潇洒豪放；身体无起伏、无升降、无旋转；表情严肃，有左顾右盼的头部闪动动作。探戈舞源于阿根廷民间，20 世纪传入欧洲上层社会，后流行于世界各国。

（六）体育舞蹈狐步舞（foxtrot）

狐步舞也称"福克斯"，用 F 表示，摩登舞项目之一。舞曲抒情流畅，节奏为 4/4 拍，每分钟 28~30 小节，每小节为四拍，第一拍为重拍，第三拍为次重拍。基本步伐是四拍走三步，每四拍为一循环。分快、慢步，第一步为慢步（S），占二拍；第二、三步为快步（Q），各占一拍。基本节奏为慢、快、快（S、Q、Q）。以足踝、足底、掌趾的动作，完成升降起伏，注重反身、肩引导和倾斜技术。舞步流畅平滑，步幅宽大，舞态优雅从容飘逸，似行云流水。狐步舞，20 世纪起源于欧美，后流行于全球，据传系模仿狐狸走路的习性创作而成。

（七）体育舞蹈快步舞（quick step）

快步舞，用 Q 表示，摩登舞项目之一。舞曲明亮欢快，舞步轻快灵活，跳跃感强，是体育舞蹈中一种轻快欢乐的舞蹈。节奏为 4/4 拍，每分钟 50~52 小节。每小节四拍，第一拍为重拍，第三拍为次重拍。舞步分快步和慢步。快步用 Q 表示，时间值为一拍；慢步用 S 表示，时间值为二拍。基本节奏是慢、慢。快、快、慢。舞步组合有跳步、荡腿、滑步等动作。快步舞，起源于美国，20 世纪流行于欧美和全球。

（八）体育舞蹈伦巴舞（rumba）

伦巴舞，用 R 表示，拉丁舞项目之一。节奏为 4/4 拍，每分钟 27~29 小节。每小节四拍。乐曲旋律的特点是强拍落在每小节的第四拍上。舞步从第四拍起跳，由一个慢步和两个快步组成。四拍走三步，慢步占二拍（第四拍和下一小节的第一拍），快步各占一拍（第二拍和第三拍）。胯部摆动三次。胯部动作是由控制重心的一脚向另一脚移动而形成向两侧作"∞"型摆动。伦巴舞，具有舒展优美、婀娜多姿、柔媚抒情的风格。其产生与西班牙和非洲的舞蹈有密切关系，后在古巴得到发展。

（九）体育舞蹈恰恰舞（cha-cha-cha）

恰恰舞，用 C 表示，拉丁舞项目之一。节奏为 4/4 拍，每分钟 30~32 小节。每小节四拍，强拍落在第一拍上。四拍走五步，包括两个慢步和三个快步。第一步踏在第二拍，时间值占一拍；第二步占一拍；第三、四两步各占半拍；第五步占一拍，踏在舞曲的第一拍上。胯部每小节向两侧摆动六次。舞曲热情奔放，舞步花哨利落步频较快，诙谐风趣。恰恰舞源于非洲，后传入拉丁美洲，在古巴得到发展。

（十）体育舞蹈桑巴舞（samba）

桑巴舞用 S 表示，拉丁舞项目之一。舞曲欢快热烈，节奏为 2/4 拍或 4/4 拍，每分钟 52～54 小节。强拍落在每小节的第二拍或第四拍上。每小节完成一个基本舞步。舞步在全脚掌踏地和半脚掌垫步之间交替完成，通过膝盖上下屈伸弹动，使全身前后摇摆，并沿着舞程线绕场行进，属"游走型"舞蹈。桑巴舞的特点是流动性大，动律感强，步法摇曳紧凑，风格热烈奔放。桑巴舞源于巴西，是巴西一年一度狂欢节的舞蹈。

（十一）体育舞蹈斗牛舞（paso doble）

斗牛舞用 P 表示，拉丁舞项目之一。音乐为旋律高昂雄壮、鲜明有力的西班牙进行曲。节奏为 2/4 拍，每分钟 60～62 小节。一拍一步，八拍一循环，其特点是舞步流动大，沿着舞程线绕场行进，舞姿挺拔，无胯部动作及过分膝盖屈伸。用踝关节和脚掌平踏地面完成舞步。动静鲜明，力度感强，发力迅速，收步敏捷顿挫。斗牛舞源于法国，盛行于西班牙，据传根据西班牙斗牛场面创作而成。男为斗牛士，气宇轩昂，刚劲威猛，女为红色斗篷，英姿飒爽，柔美多变。

（十二）体育舞蹈牛仔舞（jive）

牛仔舞用 J 表示，拉丁舞项目之一。旋律欢快，强烈跳跃，节奏为 4/4 拍，每分钟 42～44 小节、六拍跳八步。由基本舞步踏步、并合步，结合跳跃、旋转等动作组合而成。要求脚掌踏地，腰和胯步作钟摆式摆动。其特点是舞步敏捷、跳跃，舞姿轻松、热情、欢快。牛仔舞源于美国，原是美国西部牛仔跳的踢踏舞，20 世纪 50 年代爵士乐的流行加速和完善了这种舞蹈，但风格上还保持美国西部牛仔刚健、浪漫、豪爽的气派。

四、如何欣赏体育舞蹈比赛

（一）体育舞蹈比赛

比赛分团体赛和个人赛两种，按预赛（淘汰赛）、复赛（选拔赛）、半决赛（资格赛）、决赛（名次赛）的程序进行。团体赛由每个参赛单位的 8 对男女运动员组成，按顺序进行比赛。个人赛分职业组和业余组，分别进行不同要求的比赛。对比赛舞种也有不同规定。比赛场地长 23 米，宽 15 米。

比赛按音乐节奏配合、身体基本姿势、舞蹈动作、旋律的掌握及对音乐的理解、舞步等方面评定运动员的成绩。体育舞蹈的音乐不超过 4 分 30 秒。视比赛规模设 5～9 名裁判员，按国际评判标准规定的基本技术、音乐表现力、舞蹈风格、舞蹈编排、临场表现、赛场效果 6 个方面进行评分。1992 年，国际标准交谊舞曾被列为奥运会表演项目。

国际标准交谊舞 20 世纪 30 年代传入中国，80 年代发展较快，先后与日、美、英等国家进行交流活动。1987 年，举办首届全国国际标准交谊舞比赛。1991 年，举行了首届全国体育舞蹈锦标赛。

（二）体育舞蹈欣赏

体育舞蹈是将艺术、体育、音乐、舞蹈融于一体，把"健"与"美"完整结合的典范。作为艺术形式，体育舞蹈因为具有独特的观赏性和强烈的艺术感染力，而在众多的体育项目中独树一帜。同时，作为一项体育运动，体育舞蹈又具有极强的竞技性，这也使它不同于崇尚表演的舞蹈艺术。同时，体育舞蹈还是一项老少皆宜的健身和娱乐方式。正因为如此，体育舞蹈自问世之日起，就很受大众喜爱并很快风靡世界。

可以从以下三个角度正确欣赏体育舞蹈。

（1）欣赏形体美：在比赛中，选手不仅技艺超群，而且都以其优美的形体外貌使裁判和观众为之倾倒，优美的身体造型与音乐的协调配合能够极大地满足人们的审美心理要求。因此，在这样一个较量美的运动项目中，优美的身体形态也就成为夺取好成绩的必要条件。

（2）欣赏音乐美：音乐是体育舞蹈的重要组成部分。音乐是一种表现艺术，它以声音来表达创造者和表演者的内心世界。因此，在观赏舞蹈时，可以随着音乐的旋律产生联想与想象。在观看体育舞蹈比赛时，要欣赏音乐与动作的有机结合，动作必须符合音乐的特点，巧妙地把技术动作、乐曲的旋律、节奏及个人的风格和谐地组织起来。

（3）欣赏动作美：根据体育竞赛的竞技性特点，由动作、技术和战术综合表现的动作美，是观赏体育竞赛的核心内容。选手在不同的舞种表演中，寻求和表现不同的风格。在体育舞蹈比赛中，运动员利用自己的身体条件和表演风格，把具有各自特色的动作表演得那样娴熟，完成足够数量的精彩的较高难度的动作组合，做到动中有静，静中有动，舒展流畅，连绵不断，使外表的动作与内在的情感融为一体，加上优美动听的音乐，令观众陶醉在美的艺术之中，充分得到美的享受。

（三）体育舞蹈 10 大看点

（1）情：表达感情是舞蹈的核心。

（2）柔：动作柔中有刚，刚中有柔，刚柔相济。

（3）美：动作美、体态美、形神兼备，叫人赏心悦目。

（4）韵：韵律、韵味，即音乐性，有情感，有音乐感。

（5）健：健美，即要有力度感，神态、体态都不是软塌塌的。

（6）准：动作的规范性准确，动作、舞姿、造型，不多不少，有分寸。

（7）轻：体态轻盈如同一片羽毛，即使是大跳时也有如同燕子般轻盈的感觉。

（8）洁：动作干净，不拖泥带水，清脆利落，使观众觉得豁然开朗，心情愉快。

（9）敏：动作像燕子穿帘一样敏捷。如果手和脚的动作不敏捷，说明功夫不到家。

（10）稳：稳如泰山，将技巧性动作变成舞姿，必须有一个稳定感，稳当、稳妥、稳重，中心必须有平稳感，脚跟站稳。

五、如何上好体育舞蹈课

（一）服装

体育舞蹈比赛选手会根据舞蹈的风格和音乐配合自己的身材选择华丽的舞蹈服，不过作为平时上课和训练，可以选择棉质健美裤配紧身上衣。因为体育舞蹈是一项展示身体形态及动作的运动，所以合适的衣服不但便于运动，也可以便于教师指导纠正错误动作。

为了能更好地找到跳舞的感觉和显示挺拔的身姿，需要穿体育舞蹈鞋。

（二）课外资料（见表 8-4）

表 8-4　体育舞蹈课外资料

书名	作者	索书号	馆藏地
体育舞蹈	吴东方	J732.8/6040	金湖校区—流通库 413
体育舞蹈运动教程	体育舞蹈运动教程编写组	G831.3/2508	金湖校区—流通库 420
体育舞蹈	寿文华，魏纯镭，荣丽	J732.8/5002	金湖校区—流通库 413

（三）课程目标

（1）掌握体育舞蹈基本的理论知识、技术和技能，提高运动能力，为终身体育奠定基础。

（2）通过体育舞蹈学习和锻炼，提高学生有氧代谢能力，改善心肺功能，提高身体的协调性和平衡能力，促进学生身心全面发展。

（3）使学生掌握体育锻炼的基本方法和养生保健的基本知识，培养学生对身体机能进行评价和指导进行科学锻炼身体的能力。

（4）结合体育舞蹈运动的特点，培养学生爱国主义、集体主义的思想品德，树立科学的世界观、人生观、价值观。培养学生勇于拼搏、机智灵活、勇敢顽强的精神。

（四）教学内容及过程

（1）教学内容：慢四舞基本练习方法、华尔兹舞练习方法；恰恰舞技术；伦巴舞技术。

（2）教学过程：第一阶段，利用演示法、讲解法、示范法来学习体育舞蹈的基本技术知识和理论知识；第二阶段，利用讲解法、示范法、分解练习法、小组学习法来学习体育舞蹈各项舞种的基本技术动作；第三阶段，利用所学基本技术动作，完成一套舞步的学习和演练，最后达到跟音乐独立完成一套完整动作的要求。

（五）成绩评定

成绩评定：

学期	项目	分值占比/%
1	上课考勤	30
2	技能考核	30
3	体能考核	40

评分说明：

（1）课堂表现：上课是否认真听讲；课堂练习是否认真，积极参与。

（2）考勤：全勤得满分，旷课一次扣 3 分，迟到、早退一次扣 1 分，请假一次扣 2 分，扣完为止。

（3）技能考评：

分值	标准	技能组合
100~90	动作规范、熟练姿态优美、音乐节奏和表现力强	
89~75	动作规范、熟练，音乐节奏和表现力一般	
74~60	动作较规范、熟练，音乐节奏合拍	
59 及以下	动作不熟练、音乐节奏错误	

（4）学生体质健康测试，同《国家学生体质健康测试标准》。

（5）耐力素质测验（男子 1000 米，女子 800 米，要求同《国家学生体质健康测试标准》）：

男生 1000 米		女生 800 米		男生 1000 米		女生 800 米	
分值	成绩	分值	成绩	分值	成绩	分值	成绩
100	3'17"	100	3'18"	72	4'02"	72	4'04"
95	3'22"	95	3'24"	70	4'07"	70	4'09"
90	3'27"	90	3'30"	68	4'12"	68	4'14"
85	3'34"	85	3'37"	66	4'17"	66	4'19"
80	3'42"	80	3'44"	64	4'22"	64	4'24"
78	3'47"	78	3'49"	62	4'27"	62	4'29"
76	3'52"	76	3'54"	60	4'32"	60	4'34"
74	3'57"	74	3'59"				

（六）注意事项

1. 忌急于求成

初学时学生容易只求数量与进度，而不注意动作质量，若在短时间内学完很多动作，这些不规范的动作无疑如同"废品"，习以为常之后，要想改正，十分困难。因此在学习动作时，应精雕细刻，循序渐进。

2. 忌一味求"花"

学生在开始学习时，容易陷入以"花步多少"衡量舞技高低的误区，一味追求花步数量，认为"越花越好"。这样的"花拳绣腿"在真正的比赛中势必经不起裁判与观众的考验。学生若能打下坚实的基本功，然后针对自己的特点有选择地学习一些花步，才能做到"锦上添花"。

3. 忌忽视姿态

学生在学习现代舞或拉丁舞时都应注意姿态美。舒展挺拔、优雅大方的姿态使舞者精神倍增，令人赏心悦目。因此在跳舞时始终要保持抬头、挺胸、收腹、立腰、肩放平、膝放松、大腿和臀部夹紧上提的姿态。

4. 忌频换舞伴

体育舞蹈要求两人节奏同步和谐，共舞默契配合。倘能在年龄、身高、形体、容貌、气质、风度、乐感、舞感、表现力及相互配合能力等方面协调一致，当是最佳搭档。但开始学时常有"舞伴不适"的困扰，便采取频繁换人的战术，置自己于适应各个舞伴的状态之中，容易造成学习停滞不前，进度放慢的状况。因此应全面客观、谨慎准确地选择适于自己的舞伴，并在学习和实践过程中逐步适应。

5. 忌贪图轻松

有的学生在开始学习体育舞蹈时，看到优秀选手们节奏同步和谐，动作轻快流畅，旋转优美飘逸的场景后，一时兴起，投入其中，以为学舞蹈是轻松愉快之事，岂不知"轻松愉快"完全来自于"勤学苦练"，才能逐步达到潇洒自如的境界。

6. 忌只学其"形"

学生在学习舞蹈时，如果只满足于花步、组合，而忽略各舞种的神韵、风格及其表现的意境，这样学来的体育舞蹈必然毫无生气，缺乏灵性。

7. 忌忽视音乐

学生在开始学时，往往只重视技术动作的学习，缺乏对音乐作用的认识，学习中常常出现动作与伴奏音乐脱节。因此在学体育舞蹈时，要加强音乐修养，深刻体会音乐风格与舞种风格的内在联系。

第四节　瑜　伽

一、认识瑜伽运动

瑜伽（英文：Yoga），其含意为"一致"、"结合"或"和谐"。瑜伽源于古印度，是古印度六大哲学派别中的一系，探寻"梵我合一"的道理与方法。而现代人所称的瑜伽则主要指一系列的修身养性方法。

瑜伽，不是只有一套流行或时髦的健身运动这么简单，而是一个非常古老的能量知识修炼方法，它集哲学、科学和艺术于一身。瑜伽的基础建立在古印度哲学上，数千年来，心理、生理和精神上的戒律已经成为印度文化中的一个重要组成部分。古代的瑜伽信徒发展了瑜伽体系，因为他们深信通过运动身体和调控呼吸，可以控制心智和情感，以及保持健康的身体。

瑜伽分为两大类：一个是古典瑜伽，另一个是现代瑜伽，现在还包括了正位瑜伽。

二、瑜伽的演化

（一）瑜伽的历史

瑜伽起源于印度，距今有五千多年的历史文化，被人们称为"世界的瑰宝"。瑜伽发源印度北部的喜马拉雅山麓地带，古印度瑜伽修行者在大自然中修炼身心时，无意中发现各种动物与植物天生具有治疗、放松、睡眠或保持清醒的方法，患病时能不经任何治疗而自然痊愈。于是古印度瑜伽修行者根据动物的姿势观察、模仿并亲自体验，创立出一系列有益身心的锻炼系统，也就是体位法。这些姿势历经了五千多年的锤炼，瑜伽教给人们的治愈法，让世世代代的人从中获益。

大约在公元前 300 年，印度的大圣哲瑜伽之祖帕坦伽利（英文：Patanjali，印地语）创作了《瑜伽经》，印度瑜伽在其基础上才真正成形，瑜伽行法被正式定为完整的八支体系。瑜伽是一个通过提升意识，帮助人类充分发挥潜能的体系。瑜伽姿势运用古老而易于掌握的技巧，改善人们生理、心理、情感和精神方面的能力，是一种达到身体、心灵与精神和谐统一的运动方式，包括调身的体位法、调息的呼吸法、调心的冥想法等，以至身心的合一。

关于瑜伽的记载最早出现在《吠陀经》的印度经文中，大约在公元前 300 年时，瑜伽之祖帕坦伽利在《瑜伽经》中阐明了使身体健康、精神充实的修炼课程，这门课程被其系统化和规范化，构成当代瑜伽修炼的基础。帕坦伽利提出的哲学原理被公认为是通往瑜伽精神境界的里程碑。

（二）瑜伽发展

1. 前古典时期

由公元前 5000 年开始，直到梨俱吠陀的出现为止，约有 3000 多年的时期，是瑜伽原始发展、缺少文字记载的时期。瑜伽由一个原始的哲学思想逐渐发展成为修行的法门，其中的静坐、冥想及苦行，是瑜伽修行的中心。

2. 古典时期

由公元前 1500 年《吠陀经》笼统地记载瑜伽开始，到《奥义书》明确地记载瑜伽，再到《薄伽梵歌》的出现，完成了瑜伽行法与吠檀多哲学的合一，使瑜伽这一民间的灵修实践变为正统，由强调行法到行为、信仰、知识三者并行不悖。

大约在公元前 300 年时，印度大圣哲帕坦伽利（英文：Patanjali）创作了《瑜伽经》，也因此帕坦伽利被尊为瑜伽之祖。

传说中帕坦伽利是蛇神（Adisesa），为了撰写大法和献身神圣之舞，在主湿婆（Shiva）的祝福下转世人间成为瑜伽之祖的。

3. 后古典时期

《瑜伽经》以后的瑜珈，为后古典瑜伽，主要包括了"瑜伽奥义书"、密教和诃陀瑜伽。"瑜伽奥义书"有 21 部，在这些"奥义书"中，纯粹认知、推理甚至冥想都不是达到解脱的唯一方法，它们都有必要通过苦行的修炼技术所导致的生理转化和精神体会，才能达到梵我合一的境地，因此，产生出了节食、禁欲、体位法、七轮等，加上咒语、手印、身印、尚师之结合，是后古典时期瑜伽的精华。

19 世纪的"克须那摩却那"是现代瑜伽之父。其后的"爱恩加"和"第斯克佳"是圣王瑜伽的领导者。另外印度锡克族的"拙火瑜伽"和"湿婆阿兰达"瑜伽也是两个重要的瑜伽派别，一个练气一个练心。

4. 瑜伽的现代发展

瑜伽发展到了今天，已经成为世界广泛传播的一项身心锻炼修习法。从印度传至欧美、亚太、非洲等地区，因为它对心理的减压及对生理的保健等明显作用而备受推崇。同时不断演变出了各种各式的瑜伽分支方法，比如热瑜伽、哈他瑜伽、高温瑜伽、养生瑜伽等，以及一些瑜伽管理科学。

在现代，也产生了一些在全球具有广泛影响力的瑜伽大师，例如，室利·阿罗频多、辨喜、艾扬格、斯瓦米·兰德福、张蕙兰等。不可否认，悠久的瑜伽将会更加受到各界人士的喜爱。由斯瓦米·兰德福担任首席大师的印度帕坦伽利瑜伽学院有限公司是当今世界上历史传承最悠久、最权威的瑜伽学院和瑜伽教练资质等级评定认证机构。

三、瑜伽体系

瑜伽经过几千年的发展演变，已经衍生出很多派别。正统的印度"古典瑜伽"包括智瑜伽、业瑜伽、哈他瑜伽、王瑜伽、昆达利尼瑜伽五大体系。不同的瑜伽派别理论有很大差别。智瑜伽提倡培养知识理念；业瑜伽倡导内心修行，引导更加完善的行为，信仰瑜伽是将前者综合并衍生发展而来的；哈他瑜伽包括精神体系和肌体体系；王瑜伽偏于意念和调息；昆达利尼瑜伽着重能量的唤醒与提升。这些不同体系理论的瑜伽，对于修习者来说都是通往精神世界的工具。印度河文明下的瑜珈体系如表 8-5 所示。

表 8-5　印度河文明下瑜珈体系

印度河文明	吠陀瑜伽		业瑜伽、智瑜伽
	印度传统瑜伽		奉爱瑜伽、王瑜伽、曼陀罗瑜伽、综合瑜伽等
		哈他瑜伽	吉瓦穆克提瑜伽、阿斯汤伽瑜伽、艾扬格瑜伽、活力瑜伽、流瑜伽、阴瑜伽、高温瑜伽、维尼瑜伽、阿南达瑜伽、阿奴撒拉瑜伽、韵律瑜伽、悉瓦南达瑜伽、昆达利尼瑜伽、克利帕鲁瑜伽等
	密教瑜伽	佛教瑜伽	大乘佛教显宗瑜伽
			小乘佛教瑜伽
			大乘佛教密宗瑜伽
		印度密宗瑜伽	
		耆那教瑜伽	

四、流瑜伽欣赏

流瑜伽的英文是"hatha vinyasa flow yoga"，简称"flow yoga"，意思是属于主流哈达瑜伽（注重体式 ASNA 练习的唯一主流流派）中使用 vinyasa 进行行云流水般连接的瑜伽体式练习。可以认为，流瑜伽是练习阿斯汤伽瑜伽的台阶和初级阶段，是阿斯汤伽瑜伽的简化。通过练习流瑜伽可以为练习阿斯汤伽瑜伽打下坚实的身体体能的基础。

五、如何上好瑜伽课

（一）服装器材

首先，因为瑜伽运动需要大幅度地拉升肌肉和关节，所以需要穿宽松的运动服，通常有专门的瑜伽服可供选择；其次，准备瑜伽垫，通常瑜伽垫采用61厘米×173厘米、6毫米厚的柔软、服帖、抓地力较强的垫子（PVC垫、TPE垫、布垫）；再次，不佩戴影响完成动作和安全的物品。

（二）课外资料（见表8-6）

表8-6　瑜珈课外资料

书名	作者	索书号	馆藏地
瑜伽：肌肉训练彩色解剖图谱	（美）戈尔迪·卡佩尔·奥伦	G808.14/2728	金湖校区—流通库420
瑜伽呼吸控制法	（印）斯瓦米·库瓦拉亚南达	R793.51/0015	金湖校区—流通库F5
《瑜伽经》	潘麟	B351.2/3209	金湖校区—流通库220
瑜伽之美	段晓猛	R793.51/7764	金湖校区—流通库F5
瑜伽解剖学	（美）雷斯利·卡米诺夫（Leslie Kaminoff），艾米·马修斯（Amy Matthews）	R214-64/2193	金湖校区—流通库F5
瑜伽从新手到高手	美梓	R793.51/8040	金湖校区—流通库F5

（三）课程目标

通过本课程的学习，要求学生掌握瑜伽运动的基本理论、基本呼吸、基本体位。具备瑜伽的理论知识和锻炼方法，形成良好的专业素养和心理素质，提高社会适应能力。

通过瑜伽教学，提高学生的身体素质，加强情感和价值观这一重要因素；培养学生高尚的道德情操和健康人生观、价值观，形成积极的人生态度；培养学生能够独立地进行科学锻炼身体的能力，针对身体耐力性练习、动静的知觉性、身心的和谐性等，激发能量，提高学生免疫能力；增强学生的身体素质，提升学生的外在与内在的气质，使学生的心灵得到进化，拥有健康匀称的身材，使学生的精神包括外在的气质和内在的修养全面得到提升。

（四）教学内容及过程

（1）教学内容：瑜伽体位，瑜伽呼吸，瑜伽身体素质练习，瑜伽理论。

（2）教学过程：第一阶段，利用讲解法、示范法、完整练习法来学习瑜伽的基本身形和姿态；第二阶段，利用讲解法、示范法、分解练习法、小组学习法来学习瑜伽初级拜日式；第三阶段，利用循环练习法、完整练习法和问题探究法来提高拜日式动作的准确性和熟练性。

（五）成绩评定

（1）平时成绩占30%（含出勤和平时课堂表现情况）。标准：请假一次扣2分，旷课一次扣5分，上课点名批评一次扣5分。

（2）体质健康测试成绩占40%。标准：参照《国家学生体质健康测试标准》。

（3）技能测评占30%。标准：27～30分，动作准确、熟练、舒展、协调、连贯、有力；23～26分，动作基本熟练、舒展、协调、连贯、有力；18～22分，动作掌握不理想，但能完成动作。不及格：不能完成动作。

（六）注意事项

（1）在课堂教学过程中，听从教师安排，注意安全。瑜伽与其他运动一样在不正确的练习下是会给身体带来一定伤害的，需在专业人士的指导下练习瑜伽。

（2）学习动作时，注意要避免攀比，量力而为。

（3）练习后建议休息0.5～1小时以后再洗浴进食。

（4）如果有骨质疏松症、眼压过高或高度近视、大病初愈等身体不适者，需提前告知老师。

（5）练习前宜保持空腹状态再开始练习。

小贴士   **瑜伽的健身作用**

第一，瑜伽可以美体养身。瑜伽可以矫正由于劳累或不良的坐姿造成的脊柱变形，可以改善不良姿态，增强自信心，伸拉肌肉系统，使人体线条优美，并有减肥功效，增强自愈力，预防各种疾病，如偏头痛、失眠、便秘、肠胃病、关节炎等。

第二，瑜伽可以为我们减压养心。瑜伽可以帮助我们提高集中精神的能力，舒缓紧张、减轻压抑、消除心理障碍、恢复内心的平和安宁，使人的心态健康良好。

第三，瑜伽可以调理养颜。瑜伽通过推、拉、扭、挤、伸等各种姿势对内脏器官起到自我按摩的作用，强化生理机能，调节内分泌，使人体新陈代谢更加良好，延缓衰老，永葆青春靓丽的容颜。

第九章　民传户外运动

第一节　武　术

一、认识武术运动

武，止戈为武；术，思通造化、随通而行为术。

武术，奔跑（止通假趾，意思为奔跑）、战斗（戈）的技术，是古代军事战争中一种传承的技术。

武术就是军事技术，也就是古代战争技术，所以兵器被称为武器，军事被称为武事，军备也被称为武备。所以，武，本意就是拿起武器奔跑，去战争，去杀伐。所以武术既为杀伐之术，也为战争之术。

功夫，是在中国清末出现的关于"武术"的别称，主要体现个人在武术上的应用和造诣。

二、武术的演化

商周时期，利用"武舞"来训练士兵，鼓舞士气。故认为武术可以以舞蹈形式演练。周代设"序"，在"序"等学校中也把射御、习舞干戈列为教育内容之一。春秋战国时期，各诸侯国都很重视格斗技术在战场中的运用。齐桓公通过举行春秋两季的"角试"来选拔天下英雄。在这时期，剑的制造及剑道都得到了空前的发展。秦汉时期，盛行角力、击剑，有宴乐兴舞的习俗。鸿门宴中即有项庄舞剑。其形式更接近于今天武术的套路。汉代枪的应用达到巅峰，各种枪法开始出现。据传华佗首创"五禽戏"，是中国武术的滥觞。

1949 年，新中国成立后，以武馆传授方式的武术学习停止了，只有部分门派的武术被编成健身及表演套路，在中小学校教授学生。

改革开放后，一般按其内容将武术分为套路和搏击格斗两个类别。

三、武术表演属性的来源

表演艺术，在电影未出现之前，主要是以舞台戏剧形式呈现的。中国戏剧的前身是中国戏曲，历史上最先使用"戏曲"这个名词的是宋刘埙（1240—1319）。值得注意的是，中国戏剧，是自元代开始才在民间蓬勃发展起来的。

元代停止了历年的科举制度（包括文举与武举），元代的统治者汉文程度不高，看戏却很高兴，致使原来要考试的文人没了出路，便到流浪的那些杂技班、戏班子里面去编写剧本维持生计。这些人里面，有关汉卿、有写《西厢记》的王实甫、有写《赵氏孤儿》的纪君祥，还有马致远这么一大群人，加上负责元杂剧武术指导的武人，致使中国戏曲（由民间歌舞、说唱和滑稽戏三种不同艺术形式综合而成）迅速成为中国戏剧（由文学、音乐、舞蹈、美术、武术、杂技等组成）。其结果是，从元代产生的戏剧，使中国的戏剧快速地赶上了古希腊悲剧、古印度梵剧，而补足了中国戏剧与世界戏剧比较上的缺失；尤其是元杂剧，广泛并迅速地在民间流传开来。

而其中，负责元杂剧武术指导的武人，是不会让元人学真正的中华武术的，于是，这些武术指导便搬来一些京剧的戏班子、架子，并赋予其"武术"的名义来招待元人，好看、好乐便是。这就是现在很多人看到戏台上的"武术"花架子的来源。真正修习中华武术的人本身明白，这些只用于表演的花架子，与"武"本身的关系不大，甚至其"舞术"里面有故意颠倒"武"的原旨所为。剧，虎豕之斗也，在于好看，用于逗元人玩的。

因为戏曲、戏剧在民间中广泛传播，而真正的武术一直属于皇室贵胄秘而不传之技，所以民间难得以窥真武（全貌）；及至后来电影艺术对"中国武术""中国功夫"的广泛传扬，让套路、表演类的"武术"在一般人当中产生了先入为主的印象，导致现代人对中国武术的概念被表演化、套路化。

但在民间，一直有修习中国传统武术的群体，仍然秉持其不献演、不竞技的传统操守，内敛恭肃，在民间广泛传扬。

四、武术的竞技来源

"二战"后，全球用"竞技体育"方式，来消除"二战"余下的戾气。新中国为顺应国际形势，以全国之力全民发展竞技体育，导致中国武术被卷入体育范畴，以比赛、竞技等形式进行"发展"至今。但是，以奥林匹克精神所推动的竞技体育，其使用的规则，与中国传统武术"止戈为武"的核心思想迥然不同，两者之间难以拟合、厘定，导致当今中国武术形成以表演为主、以竞技为主和以民间传统功夫为主的不同概念武术并存的局面。

竞技，是以体育为基础的，以展示体育成果为目标的社会活动形式。体育，来自日文中的"体育"一词，出自于19世纪70年代，在中国最早见于20世纪初的清末，由在湖北开办幼稚园、对幼儿进行全面"保全身体之健旺"的教育方针而来。竞技体育是在西方现代解剖学主导的框架下解释的运动形式，它不能涵盖中国传统武术所包涵对修习者除身体外，在精、气、神等综合方面的提升。中国传统武术并无单一的体育形式，中国也没有传统体育（在2009年7月9日，由国家体育总局以体育概念为基础创立的"传统体育"新概念，没法提供任何传统文化引证及支持）。2015年3月19日，国家体育总局武术运动管理中心陈国荣副主任，在对中国武术的历史和社会地位等问题进行了全面阐述后，重新将武术与体育的关系复原定义：中国武术不仅涵盖了西方体育的多种运动形式，而且，还拥有独特的东方传统运动形式、深邃的思想和厚重的文化。从这个角度来说，中国武术不隶属于体育，而是体育的上位概念。

以表演来展示的"武术"，是舞术，无法展示出武术真正的实战作用与效果；竞技，是瞬间艺术，以竞技方式所展示的武术，形而下，不能体现武术的杀伤性所带来的震慑力；形而上，不能体现武术对修习者精气神综合素质的提升。所以，若以舞术效果和竞技结果去衡量武术的效果，则落入了错误的桎梏里面，没法了解到真正的中国武术。

表演与竞技、体育等，是近代对武术的曲解。当我们以表演、竞技、体育等来衡量我们的武术，其实，是以我们非常有限的几十年、上百年的"知识认知"，来定义我们沉淀进化亿万年而得的身体的使用价值，是非常局限甚至是自我贬损的、摧毁的。

中国武术，伴随中华文明4000多年流传至今，是捍卫中华民族文明迄今屹立不倒的、重要的文化组成部分，是不可割裂的。它将引导中华民族携中国文化带领世界人民走向精神与物质并存的高度文明，是我国以文化崛起、文明治国不可或缺的核心元素之一。

五、传统武术套路和现代武术套路的区别

中国传统武术，是以中国为地域范围、具有中国特色的，从始延衍流传、如丝充满、人人皆有的、以制止侵袭、停止战斗为导向的技术应用，是一门包含武术与武德的传统学系，是带领修习者进入认识人与自然、社会客观规律的传统教化方式。

现代武术套路就是一连串含有技击和攻防含义的动作组合，是以技击动作为素材，以攻守进退、动静疾徐、刚柔虚实等矛盾运动的变化规律编成的整套练习形式，又被称为"套路运动"。

传统武术套路和现代武术套路的共同点是：在动作中都包含了攻防含义；都具有中国特色。它们的区别在于：传统武术包含了更多个人的思想、流派的差异、地域和社会实践的缩影，更为丰富多样；而现代武术套路更多地注重动作的统一性、竞艺性、科学性和观赏性。

六、常见武术套路内容及分类

（一）拳术

拳术是徒手练习的套路运动。它的种类很多，主要有长拳、太极拳、南拳、形意拳、八卦掌、通背拳、象形拳等。

1. 长拳

它以拳、掌、勾为其主要手型和弓步、马步、仆步、虚步、歇步为其主要步型，并有蹿蹦跳跃、闪展腾挪、起伏转折、跌扑滚翻等动作和技术组成的姿势舒展、动作灵活、快速有力、节奏鲜明的拳术。它是总结传统的查拳、华拳等拳术技术的基础上形成的，主要有各种适应普及的初级、中级套路，以及适应竞赛的规定套路和自选套路。

2. 太极拳

太极拳是一种柔和、缓慢、轻灵的拳术。它以掤、捋、挤、按、采、挒、肘、靠、进、退、顾、盼、定为基本十三式。动作轻柔圆活，处处带有弧形，运动绵绵不断，势势相承。传统的太极拳有陈式、杨式、吴式、孙式和武式等较有影响力的流派。各式太极拳也还有大架、小架、开合、刚柔相兼等各自不同的特点。

国家体委推陈出新，先后整理推广了 24 式简化太极拳、48 式太极拳及 88 式太极拳等。

3. 南拳

南拳是一种流传于我国南方各省拳势刚烈的权拳术。南拳的拳种和流派颇多，各自又有不同的特点。其动作朴实刚劲，步法稳固，拳势激烈，常以发声吐气助长发力。

4. 形意拳

形意拳是以三体式为基本姿势，以劈、崩、钻、炮、横五拳为基础拳法，并吸取了龙、虎、猴、马、鼍、鸡、鹞、燕、蛇、鹰、熊 11 种动物的动作与形态而组成的拳术。其动作整齐简练，发力沉着，朴实明快。

5. 八卦掌

八卦掌是一种以摆扣步走转为主，包括推、托、带、领、穿、搬、截、拦等掌法变换内容的拳术。它的特点是沿圈走转，势势相连，身灵步活，随走随变。

6. 通背拳

通背拳是以摔、拍、穿、劈、攒 5 种手法为主要内容，通过圈、揽、勾、劫，削、摩、拨、搧等八法的运用而生化许多动作的拳术。它的动作大开密合、放长击远，发力起自腰背，甩膀抖腕，讲求冷弹柔进。

7. 象形拳

象形拳是模拟各种动物的特长和形态，以及表现某些古代人物的搏斗形象和生活形象的拳术，如鹰爪拳、螳螂拳、猴拳、蛇拳、鸭形拳，以及八仙醉酒、鲁智深醉跌、武松脱铐等，都属于象形拳。象形拳分象形、取意两种，前者以模仿动物和人物的形态为主，缺少或很少有技击的动作；后者则以取意动物的搏击特长为主，以动物的搏击特长来充实技击动作的内容。

（二）器械

器械的种类很多，分为长器械、短器械、双器械、软器械。刀、枪、剑、棍是长、短器械的代表。

1. 刀术

刀，短器械的一种，它由刃、背、尖、护手盘和刀柄等构成。刀术中主要有缠头裹脑和劈、砍、斩、撩、扎、挂、戳、刺等基本刀法，并配合各种步型、步法、跳跃等动作构成套路练习。它的特点是勇猛快速、刚劲有力。

2. 剑术

剑，短器械的一种，它由剑刃、背、锋、护手、柄等部分组成。剑术中主要有刺、点、劈、崩、挂、抹、云、撩、戳、刺、格、洗等剑法，并配合步型、步法等而构成套路。它的特点是刚柔相济、吞吐自如、轻快潇洒、矫健优美、富有韵律。

3. 枪术

枪，长器械的一种，由枪头、枪缨和枪杆所组成，多用白蜡杆作枪杆。枪法以拦、拿、扎为主，还有崩、点、穿、拨、挑、云、劈等。练习枪术要求持枪稳活，扎枪要平正迅速，枪扎一线，力注枪尖，拦拿缠绕圈转，前管后锁，劲力适当，方法正确，身法灵活多变，步法轻灵稳健。

4. 棍术

棍，长器械的一种，它以劈、抢、绞、扫、戳、挑、撩、拨等棍法为主，并配合步型、步法、身法等构成套路。练棍要求梢把兼用、横打一片、身棍合一，体现出勇猛泼辣、快速有力、棍打一片的特点。

七、武术套路比赛的裁判简规

（一）套路竞赛运动分组规则

（1）不同性别的要分组。

（2）不同年龄段的要分组。

（3）不同项目或演练风格有明显差异的要分组。

（二）套路竞赛裁判及分工

（1）执行裁判由裁判长和裁判员组成。

（2）裁判员根据打分内容不同分组。

（3）裁判长进行特殊加减分的评判的同时也可参与裁判员的打分。

（三）套路竞赛各项目规定时间

（1）长拳、南拳、剑术、刀术、枪术、棍术、南刀、南棍套路，成年组不得少于1分20秒。

（2）太极拳、太极剑自选套路、集体项目为 3~4 分钟；太极拳规定套路为 5~6 分钟。

（3）对练不得少于 50 秒。

（四）比赛场地

个人项目的场地为长 14 米、宽 8 米，周围至少有 2 米宽的安全区。集体项目的场地为长 16 米、宽 14 米，周围至少有 1 米宽的安全区。场地四周内沿，应标明 5 厘米宽的白色边线。

（五）评分标准

（1）动作质量，运动员现场完成套路时，动作规格与要求不符，每出现一次扣 0.10 分；其他错误每出现一次扣 0.10~0.30 分。

（2）演练水平，演练水平的总体要求是：劲力充足，用力顺达，力点准确，手眼身法步配合协调（器械项目需身械协调），节奏分明，风格突出，动作与音乐和谐一致。演练水平等级的评分标准：按劲力、协调、节奏、风格、配乐的评分标准分为 3 挡 9 级。其中，3.00~2.51 分为好，2.50~1.91 分为一般，1.90~1.01 分为不好。

（3）动作难度，完成动作难度，根据难易程度给予规定分值。动作难度不符合规定要求，则不计算动作难度分。

完成连接难度根据难易程度给予分值。连接难度不符合规定要求的，则不计算连接难度分。

（六）最后得分

从裁判员给的得分之和中减去"裁判长的扣分"，再加上"创新难度的加分"，即为运动员的最后得分，由裁判长宣布最后得分。

八、武术运动的身体素质要求

（一）爆发力

武术当中拳法和腿法，包括跳跃动作对个人手脚的爆发力提出了较高的要求。

（二）无氧耐力

武术运动完成一套套路需要在高强度的运动中持续 1 分 40 秒以上，需要具备较高的无氧耐力能力。

（三）平衡能力

武术当中有许多平衡动作，对身体的平衡能力要求较高。部分离地跳跃动作也对身体的平衡能力有要求。

（四）灵敏能力

武术的动作复杂多变，许多动作需要手、眼、脚和躯干协调配合完成，所以对协调性的要求也很高。

（五）柔韧能力

武术因为很多动作都要求超过普通人的动作极限，所以对身体各个关节的柔韧度都有很高的要求。

九、如何上好武术课

（一）服装

因为武术运动需要大幅度的拉升肌肉和关节，所以需要穿宽松的运动服；其次，为了增强本体感觉和脚感，需要穿薄底软面的运动鞋；再次，不佩戴影响完成动作和安全的物品。

（二）课外资料（见表9-1）

表9-1　武术课外资料

书名	作者	索书号	馆藏地
武术	刘立清，杨雨龙	G852/0203	金湖校区—流通库 420
中华文化元素武术	冯天瑜，姚伟钧	K203/3711*7	金湖校区—流通库 413
武术长拳技术训练	华桦	G852.12/2444	金湖校区—流通库 420
武术健身与预防	徐培文	G852/2840	金湖校区—流通库 420
武术运动基本训练	蔡龙云	G852/4441*8	金湖校区—流通库 420

（三）课程目标

（1）技能目标：通过武术课，掌握武术运动中的基本手型、步型、拳法、掌法、腿法和步法；能掌握由这些基本动作组成的简单的武术套路一套。

（2）知识目标：通过武术课，了解武术运动的基本动作名称、技术动作的评判及欣赏。

（3）情感目标：培养学生的民族自豪感，体验武术运动的乐趣，挑战自身身体素质能力，锻炼学生的毅力。

（四）教学内容及过程

（1）教学内容：基本手型、步型及武术套路初级长拳。

（2）教学过程：第一阶段，利用讲解法、示范法、完整练习法和比赛法来学习武术的基本手型和步型；第二阶段，利用讲解法、示范法、分解练习法、小组学习法来学习武术套路初级长拳；第三阶段，利用循环练习法、完整练习法和问题探究法来提高武术套路动作的准确性和熟练性。

（五）成绩评定

（1）平时成绩占30%（含出勤和平时课堂表现情况）。标准：请假一次扣2分，旷课一次扣5分，上课点名批评一次扣5分。

（2）体质健康测试成绩占40%。标准：参照《国家学生体质健康测试标准》。

（3）技能测评占30%（期末最终武术套路考核）。标准：27～30分，动作准确、熟练、舒展、协调、连贯、有力；23～26分，动作基本熟练、舒展、协调、连贯、有力；18～22分，动作掌握不理想，但能完成动作。不及格：不能完成动作。

（六）注意事项

（1）在课堂教学过程中，听从教师安排，注意安全。

（2）学习动作时，注意先记住动作位置再记忆运动轨迹。

（3）学习复杂动作时，可以分区域学习记忆后再连贯同步完成（例如，同一动作下可先记左手动作再记右手动作）。

（4）学会动作后注意观察细节，做到精益求精。

小贴士　　　　　**练武术的好处**

1. 健体修心

武术始终让个体的身心处于不断地协调配合当中并适当加以外在的压力进行艰苦的训练，达到与常人不一般的体质特征，如有力、强健、有毅力等。练习武术的核心就是强身健体、修身养性、陶冶情操、讲武德。

2. 治安防身

从古至今，武术在任何情况下，都能够很好地保护自己、家人甚至我们身边的人，通过智慧和力量的组合，可以完成特殊的除暴安良的防身任务。不仅可以有效治服坏人坏事的发生发展，还可以保全自己不受侵害，可以有效制服坏人还可以保全自己不受侵害。

3. 娱乐审美

随着现代文明的进步，法制社会的健全，靠武力解决问题或者显示能耐的时代已经过去，人们对审美的需要日渐增强。由于非常协调的系统动作、敏捷的反应、舒展的架式等诸多审美要素，越来越多的人把武术作为一种艺术搬上舞台，向广大观众展示人体所特有的动作韵律美。

随着人们生活水平的不断提高，精神文化需要的增强，武术作为休闲娱乐节目会更加深入地走进消费圈中，为武术的原本定义带来时代的革新和质的变化。这可能是武术先祖所没有想到，也不能理解的。

第二节　太　极

一、认识太极拳运动

所谓太极即是阐明宇宙从无极而太极，以至万物化生的过程。其中的太极即为天地未开、混沌未分阴阳之前的状态。易经系辞："是故易有太极，是生两仪"。两仪即为太极的阴、阳二仪。

太极是中国自古以来的一种哲学思想，这一思想贯穿了整个中国历史。太极拳中处处体现着这种人生观和世界观。

太极拳，国家级非物质文化遗产，是以中国传统儒、道哲学中的太极、阴阳辩证理念为核心思想，集颐养性情、强身健体、技击对抗等多种功能为一体，结合易学的阴阳五行之变化、中医经络学、古代的导引术和吐纳术形成的一种内外兼修、柔和、缓慢、轻灵、刚柔相济的中国传统拳术。

1949 年后，被当时的国家体委统一改编作为强身健体之体操运动、表演、体育比赛用途。改革开放后，部分还原本来面貌，从而分为比武用的太极拳、体操运动用的太极操和太极推手。

传统太极拳门派众多，常见的太极拳流派有陈式、杨式、武式、吴式、孙式等派别，各派既有传承关系，相互借鉴，也各有自己的特点，呈百花齐放之态。由于太极拳是近代形成的拳种，流派众多，群众基础广泛，因此是中国武术拳种中非常具有生命力的一支。

2006 年，太极拳被列入中国首批国家非物质文化遗产名录。

二、太极拳的渊源

太极拳的创始，目前有两种不同的说法：一种说法是太极拳创自陈王廷，另一种说法是太极拳由张三丰创立。在抗日战争之前，全国各地的太极拳家无不尊张三丰为祖师。

其原因是，张三丰创建了武当派，始创了内家拳。太极拳作为内家拳之首，尊称张三丰为祖师，是一种自然归属。张三丰创立的太极拳、八卦拳、形意拳、五行拳、混元拳、玄武棍等，都是从道教经书中汲取了精华，引申而来的。张三丰所创立的拳法都有一个共同特点，即注重内功和阴阳变化，讲求意、气、力的协调统一，动作沉稳，姿势含蓄，劲力浑厚，神意悠然。这些特征无不与道家的清静柔弱、淡泊无为的主张和道教的"三宝修炼"（炼精化气、炼气化神、炼神还虚）相吻合，内以养生，外以却恶，可以说是留给后世的珍贵历史文化遗产。

至于太极拳创自陈王廷的说法出自顾留馨、唐豪先生对太极拳的考证和《太极拳研究》。他们认为陈王廷创太极拳依据有两点：一是有陈氏后人所撰有祖先的打油诗《闷来时造拳》五字。二是有陈王廷留有一篇《拳经总歌》。据考这篇陈氏《拳经总歌》并非陈氏所独有。山西洪洞通背拳《拳经总论》除几个别字外，其他内容完全相同。

河南省温县陈家沟，位于温县城东六公里的清风岭中段。村南隔黄河相望有虎牢关、伏羲台、河洛汇流处等。距陈家沟西北不远处有道教圣地阳落山"二仙庙"，西南一百公里处有少林寺，道教文化、佛教文化与儒教文化都在这里汇集，形成了推动中华文明发展厚重的中原文化。

明朝初年，陈家沟陈氏始祖陈卜从山西移民到此，便带有家传武术。这里沟壑交错、兵匪出没，经常骚扰百姓，为了保卫桑梓，村里成立了武学社，陈家沟人习武成风。这里特殊的人文地理环境和厚重的中华传统文化对陈王廷创编陈氏太极拳产生了深远影响。

陈王廷（字奏庭，1600—1680），陈家沟陈氏第九代人，出生于明万历二十八年，明武庠生，清文庠生。其祖陈思贵，任陕西狄道县典史；其父陈抚民，曾任征士郎，均好拳习武。

陈王廷所传授下来的有五路拳、五路捶、108 式长拳，双人推手和刀、枪、剑、棍、锏、双人黏枪等器械。其中双人推手和双人黏枪，更具有前所未有的独特风格。

发源于河南省温县陈家沟的太极拳，是东方文化的瑰宝，是中华武苑的古老奇葩，明末清初，由陈王廷潜心研究创编。之后，太极拳先在陈家沟陈氏家族经历了百余年传承，到了陈氏十四世陈长兴（字云亭，1771—1853）和陈有本（字道生，1780—1858）时，二人由博归约，分别创编出太极拳大架一路、二路和太极拳小架一路、二路。陈长兴从理论上对太极拳进行总结，著有《太极拳十大要论》《太极拳用武要言》《太极拳战斗篇》等。

清代中后期至民国，太极拳开始对外繁衍传播。陈长兴首传外姓弟子为河北永年人杨露禅（名福魁，1799—1872），杨露禅学成回乡后到北京传拳，逐渐衍变创编出杨式太极拳；陈氏第十五世陈清平（一作青萍，1795—1868）传拳于温县赵堡镇人和兆元（1810—1890）、河北永年人武禹襄（名河清，1825—1893）、温县陈新庄人李景炎（又名李对，1825—1898）、温县南张羌村人李作智（字镜心，1844—1914）和温县北冷村人王赐信（1815—1890），后五人分别创编出和式太极拳、武式太极拳、太极拳忽雷架、太极拳腾挪架、太极拳忽灵架；清末，满族人全佑（字公甫，1834—1902）师从杨家学杨式太极拳后，传子吴鉴泉（从汉姓，1870—1942），创编出吴式太极拳；河北武清（今天津武清区）人李瑞东（名树勋，1851—1917）师从王兰亭（名永泰，约 1829—1893）学杨式太极拳后，创编出李式太极拳。

民国初期，河北完县（今顺平县）人孙禄堂（名福全，1860—1933），师从郝为真（名和，1849—1920）学武式太极拳后，创编出孙式太极拳；20 世纪 50 年代，陈家沟陈氏十七世陈发科（字福生，1887—1957），在祖传拳械套路的基础上，创编出陈式太极拳新架一路、二路。

17 世纪中叶，温县陈家沟陈王廷在家传拳法的基础上，吸收众家武术之长，融合易学、中医等思想，创编出一套具有阴阳开合、刚柔相济、内外兼修的新拳法，命名太极拳。

太极拳在陈家沟世代传承，自第 14 世陈长兴起开始向外传播，后逐渐衍生出杨式、武式、吴式、孙式、和式等多家流派。

三百多年后，太极拳已由陈氏一家的独得之秘，衍变成了广播海内外的陈式、杨式、武式、吴式、孙式、和式等诸多太极拳流派。

太极拳发源地温县流传的有陈式太极拳、和式太极拳、太极拳忽雷架、太极拳腾挪架、太极拳忽灵架，河北省永年县流传的有杨式太极拳、武式太极拳，北京市流传的有吴式太极拳、孙式太极拳，天津市武清区流传有李式太极拳。

太极始于无极，分两仪。由两仪分三才，由三才显四象，演变八卦。依据"易经"阴阳之理、中医经络学、导引、吐纳综合地创造一套有阴阳性质、符合人体结构、大自然运转规律的一种拳术，古人称为"太极"。

太极拳基本内容包括太极养生理论、太极拳拳术套路、太极拳器械套路、太极推手以及太极拳辅助训练法。其拳术套路有大架一路、二路；小架一路、二路。器械套路有单刀、双刀、单剑、双剑、单锏、双锏、枪、大杆和青龙偃月刀等。

三、太极拳的美

太极拳作为一种文化、哲学、武术、艺术、养生道，它是形态美、神态美和哲学美的完美结合，给人以朴实简约之感而又不失深邃丰富的内涵。作为中华武术中的一朵奇葩，太极拳具备了极高的美学功能，特别是它的形态美、神态美和哲学美，由外及里、由浅入深地构建了其独特的美学观。随着时代的发展，越来越多的人开始喜欢这种运动，它的价值也逐渐得到更充分的开发和推广。除了具有健身自卫的实用价值外，其独特的表演艺术给人美的享受，使人赏心悦目，它倾注着中华民族的气质、民族心理、民族美感和民族精神，太极拳的美学观是东方古老文明之美的缩影。

（一）形态美

太极拳作为武术运动，通过人体形态的动静变化构成了其运动特点，因而形态美是太极拳美学观中的最基本内容。人体"点、线、面"的变化构成了太极拳运动，每个动作起落都是"点"的表现形式。"点"的移动和旋转构成了"线"，完成了动作的运动轨迹，而"点、线"的空间和时间扩展构成了面，表现为肢体的空间亮相。同时"点、线、面"按动静、刚柔、虚实等规律组成一种具有自由节奏的运动形式，在完成形态的同时也实现了功能。

1. 对称美

对称美是中国传统美学观中的重要一种，古代建筑、书法、对联等均体现对称美、秩序美。太极图就是一张对称和谐的结构图，它是中华传统智慧的缩影。太极拳，就是这一哲理在体育运动中的生动体现。特别是陈式太极拳，以刚柔、开合、轻沉等一系列对称、平衡、和谐动作为其内容，以顺逆缠丝、动作螺旋为其形式。它不仅有刚有柔，有开有合，有虚有实，有快有慢，而且讲求刚中有柔，柔中有刚，开中有合，合中寓开。运用到技击上则有化有发，有引有进，而且化即是发、引即是进、化打结合、引进结合等，构成此拳的非凡风格。动作都强调阴阳平衡，有上有下，逢上必下；前发后塌，左发右塌，右发左塌；逢左必右，逢右必左；有内有外，内外兼练；身法上要对拉拔长，又要相吸相系，强调对称劲，劲要八面支撑，处处、时时保持平衡，做到周身一家。

2. 节奏美

王宗岳《太极拳论》说："动急则急应，动缓则缓随。"《技击精华》中记载："进取捷若风，失机退宜快。"张志俊讲："快慢相间才是太极拳。"马虹先生也多次讲到"练习太极拳要快慢相间，快而不乱，慢而不滞"。太极拳练快了，不能丢掉动作少了细节；练慢了不能显得呆滞。在太极拳技击中"进攻时速度快"是指通过充分准备，最后以最快速动作达到进攻（或防守）目的。进攻（或防守）的决定性动作都要快，这个快不是盲目的快，而是有条件有目的有控制的，快通过攻防节奏变化调动对手，寻找有效时机，以快制胜。戚继光在《纪效新书》说："俗云拳打不知，是迅雷不及掩耳，所谓不招不架，只是一下，犯了招架就有十下。""拳打不知，一快打三慢""迅雷不及掩耳"等拳谚是对技击动作速度要快的重要描述。正如《孙子兵法》中所云："兵之情主速，乘人之不及"。进攻时要兵贵神速，乘对手措手不及，不动如山，动如雷霆。但是在技击中速度快慢是相对的，相对于不同水平的对手、不同的攻防动作、不同的攻防时机、动作的速度也是千变万化的。快慢相见的节奏感是太极拳的独到特色之一，更是其位列内家拳之首的重要原因。

3. 开合美

陈鑫说："学太极拳，学阴阳开合而已。""太极拳之道，开合二字尽之。"一般地讲，所谓开，是指肢体和内劲向外伸展放大；所谓合，是指肢体和内劲向内收敛缩小。具体地讲，不仅整体要有开合，一臂一腿也有开合，一手一足也各有开合。研究太极拳各种形式的运动，有时着眼于肢体的屈伸，有时着眼于内劲（内气）的收放，有时着眼于缠丝劲的顺逆，有时着眼于整体，有时着眼于某一局部。"逢开必合，逢合必开""开中寓合，合中寓开"处处总有一处开合，开时气势饱满，合时精神内敛，浑然一体。太极拳讲求"内三合，外三合"。"内三合"，即心与意合、意与气合、气与劲合；外三合指的是肩与胯合、肘与膝合、手与足合。由呼吸带动丹田内转配合外形动作，内外统一才能体现出整劲，使力形成完美的传递。内外开合变化练就"形断意不断，意断神不断"。

4. 螺旋美

陈式太极拳以易学为基础，以阴阳规律为基本规律，不论是从内到外，从上到下，从简单到复杂走的都是立体螺旋，即"处处走螺旋"和"无处不螺旋"。陈照奎讲："以顺缠和逆缠为基本缠丝劲。"陈鑫讲："拳者，缠法也。"《拳论》中有"拳法之妙，在于运劲""紧要处全在胸中腰间运化"。在行拳中讲求"腰不动，手不发"，即使很小的初始动作，也先从腰部运动，由腰而背、而肩、而臂、而手，回来同样由腰部牵动并且要求走螺旋劲，完成"非圆即弧"运动。螺旋美如波浪、如山峦，起伏跌宕，给人以美的享受，缓解视觉疲劳。

5. 线条美

太极拳讲究式正招圆，招圆是指整个过程的和谐圆润，而圆的曲线运动轨迹无疑是一条重要的美感因素。以"曲"为美是中国文化的重要审美取向。"曲"涉及国人生活的各个方面。"曲水流筋""曲径通幽"是中国人理想的审美境界。中国的文章语言艺术和绘画艺术都特别讲求"曲"的体现。所谓"深文隐蔚，余味曲包"，一个民族的审美情绪可以说是尽在其中。古人云："山无起伏，便是顽山，水无漾洞，便是死水。"依此自然之理去领悟艺术之理，中国文学艺术的生命力多系接在这个"曲"字上，同样产生于中国这个特定文化底蕴中的太极拳，同样以"曲"为美，是一种圆中求圆的艺术。无论是太极拳"非圆即弧"的外形动作，还是"丹田内转"的内在运化均体现了"曲线美"。

6. 姿态美

拳论言:"身必以端正为本,以周身自然为妙。"太极拳要求"立身须中正安舒",中正即不偏不倚,无过不及,神自然得中之谓也。太极拳身法的关键是端正、自然、顺舒、灵动。武禹襄提出"身法八要",即含胸、拔背、裹裆、提顶、吊裆、松肩、沉肘、护肫。端正、自然、顺舒、灵动的身法使太极拳具有与其他运动不相同的美。姿态美,即姿势、架势美,太极拳是非常讲究姿势的。太极拳处处呈圆弧,虚灵顶劲,气沉丹田,沉肩坠肘,舒指坐腕,松腰敛臀,圆裆松胯,尾闾中正,动静有常,势势相连,绵绵不断,"运动如抽丝,迈步如猫行"。

(二)神态美

无动作外在的形就无从表现内在的神。形似是练太极拳的基本要求,掌握基本动作要领获得直观、可感、鲜明、逼真的审美效果。若动作徒有其形,缺乏内涵,就显得浅薄直露,动作松散无神。因而太极拳在练到形似以后要逐渐做到神似,以形传神,在动作中表现内在的精神气质,把典雅、清奇、和谐、自然的东方古典美表现得淋漓尽致。演练太极拳如不能表达主宰形的神,就不能从根本上表现太极拳的神气韵度美。形是神的物质基础,神则是形的灵魂。任何缺乏神韵的运动只能让人看成是一个躯体在扭动,却看不到内在的思想和感情的表达。当演练者把韵律、姿态与神韵经过细心的思考和领会后,使之揉合成为一个协调完整的有机体后太极拳才具有观赏价值。古言道:"韵者,美之极。"

1. 劲力美

劲力即太极拳中的劲法和力度。王宗岳在《太极拳论》中把劲力看作是通往神明的先决条件。劲力最主要的成分是刚与柔。刚与柔是一个事物的两种对立统一的属性,是既相互对立又相互转化和相互作用的。刚柔作为天地万物的基本属性,一直为人们所感知,且自古以来刚柔的观念与阴阳始终紧密地联结着,阳者为刚,阴者为柔。刚与柔在太极拳演练中以相融的形式合为一体,刚柔和谐统一,使太极拳达到出神入化的境地,使阴柔之美与阳刚之美相储并蓄,并相互转化。在动作的运行过程中表现出阴柔之美,在动作的落点上表现出阳刚之美。"轻如杨花,坚如金石,威比虎猛,鹰扬比急,行同乎水流,止牟乎山立",处处体现刚柔相济之美。柔是形体动作的连贯、柔和、流畅的艺术效果,气势宏大、意趣沉稳的气态和神色。太极拳表现以柔劲为主，有"四两含蓄拨千斤"之妙。太极拳的柔和却并非松懈，给人一种含蓄且生动的武术技艺的美感，表现出超现实的审美情趣，具有深厚的古代文化底蕴。

2. 虚实美

"虚实"是我国古代哲学的重要范畴，也是太极拳中的重要概念。《孙子兵法•虚实篇》云："作之而知动静之理。""兵形象水，水之形避高而趋下，兵之形避实而击虚。"唐太宗李世民说："联观诸兵书，无出孙武。孙武十三篇无出虚实。夫用兵识虚实之势，则无不胜焉。"《用武要言》讲："虚而实击，实而虚之，避实击虚。""一开一合，有变有常，虚实兼到，忽现忽藏，虚中有实，实中有虚。"杨澄甫认为：太极拳术以虚实为第一要义，要求在动作中体现出虚实。太极拳谱对虚实也有明确的规定：所谓变转虚实要留意也；虚实亦分清楚，一处有一处虚实，处处总此一虚实。在太极拳中，左手实则左足虚，右手实则右足虚，其落点也是虚中有实，实中有虚，因此处处有一虚一实，内劲中正不偏不倚，以达到内含虚实而不露的境界。虚实相生虚实互用，何处是虚，何处是实的共同的目标是虚灵，因此富于表现力和独特的艺术魅力。虚实是一种独特的美。虚与实的调整首先要认清虚实的正确内涵。演练者既要运用自身的虚实变化迷惑对方，又要努力掌握对方的虚实变化，从而做到实中有虚，虚中有实，避实就虚，立于不败之地。动作才有轻灵之感，腾挪之势。

3. 动静美

《太极拳论》中讲："静如山岳，动若江河。"杨澄甫《太极拳说十要》中说："动中求静，太极以静御动，虽动犹静。"这些都表明了"以静待动"是太极拳技击的指导思想之一。陈鑫在《太极拳权谱》中有"中气贯足，精神百倍，静以待动，坚我壁垒"的论述，强调了"以静待动"是"坚我壁垒"克敌制胜的重要手段。所谓"静如山岳之"，静就是气沉势稳，浑然一气，做到周身一家。在定势时静态动作姿势中又蕴含着复杂的动态变化之势，劲力运使处在引而未发之际，始终使自己的身体动作能够保持八面之撑，在对抗过程中做到圆活连贯，运转自如，时时刻刻保持察觉和顺应对手技击动作的客观变化，在实战过程中使自己始终把握主动，在得机得势时随时即可触发，制胜对手。"动若江河"就如离弦之箭，脱缰之马，即招法动作在大脑的意念的支配作用下，做到"一声令下百体皆依"，其动作招法就像江河之水波浪滚滚、滔滔不绝，不断变换虚实灵动，不断直进黏逼。同样，太极推手中要用沉着冷静的听劲来因应知机，并由此而形成自身的动静之势，在得机得势时，把握动静之机，见机而作，方能立于不败之地。

（三）哲学美

太极拳是一哲拳，因而其除了形神之美，太极拳最为特殊的是其所具备的"哲学美"。它蕴含了中国最古老的智慧，让习练者除了修养身心外，更明白了人生哲学，懂得为人之道、处世之道、与自然相处之道。

1. 和谐美

太极拳以"阴阳学说""天人合一"思想为基础，奉行"体用兼备""身心合一"的原则，融思想观念、行为规范、价值取向为一体，具有鲜明和谐理念。它包容了儒、道、释等诸家理论之精华，体现了我国古代儒家学说的"中庸"之道和"温柔敦厚"之美，又兼具佛家"大善以慈悲为怀"的高层境界，深得道家"自然无为"的哲学之风等，又密切与导引吐纳、中医经络学说相配合，强调人自身的身心和谐及人与人、人与社会、人与自然的"和谐"，承载了中国文化的基本精神和价值取向。"实天机自然之运行，阴阳自然之开合也，一丝不假强为，强为者皆非太极自然之理，不得名为太极拳"说明了太极拳是以阴阳立说所要遵循的自然而不强为的和谐运动规律。在拳法上，太极拳讲求上下相随，虚实相间，快慢相合动静适宜，刚柔相济，内外合一等。技法上静如山岳、动若江河、似行云流水，舒缓飘逸、跌宕有致、轻柔圆滑、连绵不断。演练中，以其圆活连贯、轻灵柔和之"动"，朴实自然、意领神随之"静"，沉着不躁、恬淡不狂之"松"，气沉丹田、以心行气之"敛"，使演练者身心俱融于天地自然，达到物我两忘境界。即使在激烈的搏斗之中太极拳也讲究"与人为善""舍己从人""彼不动己不动""随曲就伸"等宗旨，并把待人接物、以善为本的行为准则，有机融会具体的技法之中，达到了善与美、内与外的高度统一。太极拳的养生保健功能促进了人的身心和谐。同时太极拳文化提倡的天人同体之理，即天人和谐的体现等，都充分体现了太极拳的"和谐美"。

2. 意境美

"意境"也就是主体和客观在审美过程中的统一。从审美主体方面来讲，是"情"与"理"的统一，从客观对象来讲是"形"与"神"的统一。正是"情"

与"理"、"形"与"神"这四个方面的不同程度的渗透与配合，才构成了审美和艺术的不同境界。太极拳的意境是指它的"神韵"，即把崇高的精神、情操、意志融入每个动作之中表达于外。陈鑫云："一片神行之谓景。景不离情，犹情之不离乎理相连故也。心无妙趣打拳，则打不出好景致。问何以打出好景致？始则尊乎规矩，继则化乎规矩，终则神乎规矩。在我打得夫花乱坠，在人自然拍案惊奇。里面有情，外面有景，直如天朗气清，惠风和畅，阳春烟景，大块文章。此处则柳掸花娇，招招则山明水秀，游人触目兴怀，诗家心往神驰，真好景致。拳景至此可以观矣。"

3. 道德美

武德是武术家道德美的集中体现。古今中外的任何一种拳术，其功能不外乎搏人（攻击）、御敌（防守）和健身三个方面，特别是有些拳种主要以攻击制敌为主，所以必然以急功近利为原则，出手必狠，甚至一着得手即置人于死地。而太极拳集佛家的"大慈大悲"、道家的"善哉"和儒家的"仁义"于一体，可以说是一种"道德拳"。太极拳以"中庸"为体，以"无为"为用，讲究"舍己从人""随曲就伸"。它不仅仅把武德表现在口头或是书面上，同时还把待人接物，以善为本的行为准则有机地融汇到具体的技法之中。即使技击中，也处处讲究与人为善，达到美与善的高度统一。武德的最高境界是拳道合一、拳心合一，是天人合一在武学上的体现。拳论中讲："学太极拳不可狂，狂则生事非，不但手不可狂，即言亦不可狂"。陈鑫在《学拳须知》中讲："太极拳不可满，满则招损，太极拳传之必得其人，如为非作歹，或缺乏武德之徒，秘而不可传也。"学拳一定要谦虚，戒骄戒躁，人若胜我，则敬重之，不可有傲忌之心；人若不胜我，则谦待之，不可有轻薄之意。只有保持这种谦虚好学的态度，太极拳才能学到手，练得精，运用自如。古谚语"习武先修德"，可见练太极拳不仅是要强身健体，攻防格斗，另一个重要方面就是修身养性，以德服人。"拳虽小道，太极之大道存焉"。只有领悟"太极大道"才能真正地练好太极拳。

太极拳的美学观丰富而庞大，这里仅仅是抛砖引玉。另外，太极拳的动作名称独具美学特色、生动形象、名实相符，且富有诗意使人浮想联翩。如既文雅形象，又能反映动作本质的"金刚捣锥""金鸡独立""如封似闭"等；琳琅满目、美不胜收的"野马分鬃""退步跨虎""上步七星""斜飞势"等，还有使人陶醉神往的"玉女穿梭""白鹤亮翅"等。

四、如何上好太极拳课

（一）服装

最好选择宽松、柔软、舒适的服装。鞋子不仅要大小合适，而且要有衬垫，并具备一定的弹性和弯曲性。鞋底平而厚度适中，切忌穿高跟鞋和厚底鞋。

（二）课外资料（见表9-2）

表9-2　太极拳课外资料

书名	作者	索书号	馆藏地
太极拳养生与实战	姜有奎	G852.11/8044	金湖校区—流通库420
太极拳拳理义解上、下	曹树人，倪侠杰	G852.11/5548	金湖校区—流通库420
太极拳启蒙	蔡光復	G852.11/4492	金湖校区—流通库420
太极拳入门三篇：识拳·练拳·用拳	曾乃梁，曾卫红	G852.11/8013*1	金湖校区—流通库420
太极拳概论	吴图南讲授　马有清编著	G852.11/6064*1	金湖校区—流通库420

（三）课程目标

（1）了解太极拳的基本知识、竞赛方法和简单的基本规则，并能初步地自主锻炼。

（2）掌握太极拳的基本手型、基本步伐和一个太极拳套路动作及常用的太极拳的基本方法。

（3）全面增强身体素质，改善身体的协调性和灵活性，树立终身体育观念。

（4）形成积极向上的良好心理品质，发展人际交往与合作精神。

（四）教学内容及过程

（1）教学内容：太极拳的常用手型、步型、基本动作和练习方法、24式简化太极拳。

（2）教学过程：第一阶段，利用演示法、讲解法、示范法来学习太极拳的基本技术知识和太极拳理论知识；第二阶段，利用讲解法、示范法、分解练习法、小组学习法来学习太极拳的各项基本技术动作；第三阶段，利用所学基本技术动作，完成成套动作的学习和演练，最后达到能独立完成一套完整二十四式太极拳套路的要求。

（五）成绩评定

（1）成绩评价的构成：

学期	项目	分值占比/%
1	课堂考勤	30
2	技能考核	30
3	体能考核	40

（2）考勤要求：

健美操选项课堂考勤	>13 次	13 次	12 次	11 次	10 次	<10 次
分值	100	90	80	70	60	无成绩

说明：旷课一次扣 5 分，请假一次扣 2 分，迟到、早退一次扣 1 分，旷课 4 次得 0 分。

（3）技能考核要求：按规定套路动作进行，即按表现力、动作、节奏和身体姿态等进行综合评定。

（4）体能项目测试标准，同《国家学生体质健康测试标准》要求。

（六）注意事项

（1）不可以掉以轻心，太极拳虽然看起来简单易学，实则更注重内在的修养和对动作的深刻理解，所以学会动作只是第一步。

（2）重视准备活动。太极拳动作虽然缓慢，但是动作不正确更易受伤，所以一定要做好准备活动。

（3）多利用空余时间练习已学动作，只有熟练掌握技术动作才能有更进一步的提高。

（4）着装应根据季节的变化和练习环境的温度适当变化，穿宽松的运动服装宜于运动，特别强调运动时穿一定大小合适的、柔软性强的运动鞋和运动袜子。

（5）注意动作的规范性和流畅性。

小贴士　　　　　　　　　**24 式简化太极拳**

24 式简化太极拳也叫简化太极拳，是国家体委（现为国家体育总局）于 1956 年组织太极拳专家汲取杨氏太极拳之精华编串而成的。尽管它只有 24 个动作，但相比传统的太极拳套路来讲，其内容更显精练，动作更显规范，并且也能充分体现太极拳的运动特点。

第三节　定　向

一、认识定向运动

定向运动就是利用地图和指北针依次到访地图上所指示的各个点标，以最短时间到达所有点标者为胜。定向运动通常设在森林、郊外和城市公园中进行，也可在大学校园中进行。定向运动起源于瑞典，最初只是一项军事体育活动。"定向"这两个字在 1886 年首次使用，意思是：在地图和指北针的帮助下，越过不被人所知的地带。真正的定向比赛于 1895 年在瑞典首都斯德哥尔摩的军营区、挪威首都奥斯陆的军营区举行，它标志着定向运动作为一种体育比赛项目的诞生，距今已有百年历史。

二、定向运动的发展

19 世纪末、20 世纪初，欧洲北部斯堪的纳维亚半岛广阔而崎岖不平的土地上覆盖着一望无际的森林，散布着无数的湖泊。城镇、村庄稀疏散落，人们的交通主要依靠那些隐现在林中湖畔的弯弯曲曲的小路。在这样的地理环境中生活，理所当然地要比别的地方更需要地图和指北针，否则，要想穿越那莽莽林海是十分困难的。正因为如此，那些最经常地在斯堪的纳维亚半岛山林中行动的人们——军队，便成了开展定向运动的先驱。

他们深知，如果不具备在山林地辨别方向、选择道路和越野行进的能力，就不能完成保卫国家的重任。1918 年，瑞典一位名叫吉兰特的童子军领袖组织了一次叫作"寻宝游戏"的活动，引起参加者的极大兴趣，这便是定向运动的雏型。

由于这个活动的组织方法简便，不仅对提高野外判定方向的能力及学习使用地图有好处，还能够培养和锻炼人的勇敢顽强精神，提高人的智力、体力水平。开展定向运动不需要像其他体育项目那样在场地与器材上支付大量经费，娱乐性与实用性兼备，因此日益受到军队的重视，并且很快地在民间流传开来。

定向（Orienteering）一词起源于 1886 年的瑞典，那里森林湖泊广布的复杂地势使地图和指北针显得尤为重要。久而久之，一套自娱自乐的游戏规则便约定俗成，这就是定向。1895 年，在瑞典挪威联合王国的一处军营里举行了第一次正规的定向比赛。之后这项运动在北欧国家得到蓬勃发展。最大型的一次比赛是 1998 年在瑞典举行的，当时有 3.9 万人参加了比赛。

据国外有关资料记载，参加定向越野比赛的最长者有 90 岁高龄，最小者只有 8 岁，这项运动不受年龄限制，也无固定场地限制。而且，定向首先注重的是智力和野外生存的知识，其次才是体力。为使定向运动在全世界得到普及和发展，1961 年 5 月，十几个国家的定向运动积极分子在丹麦首都哥本哈根成立了国际定向运动联合会，确定了正式的比赛项目并制定了一系列的比赛规则与技术规范。定向越野也是国际军体理事会的正式比赛项目之一，每次举办的比赛都能吸引十多个国家的运动员参加。

三、定向运动种类

（一）徒步定向（俗称定向越野）（Cross-Country Orienteering）

这是各种定向运动比赛中组织方法比较简便，开展最为广泛的一种。由于其比赛的成败全在于个人的识图用图、野外定向和奔跑能力的强弱，因此适于各种年龄、性别的人参加。为增加比赛的乐趣，也可以在判定比赛成绩的方法上有所区别，如：可以个人跑计个人成绩；个人跑计团体成绩或个人跑计个人与团体成绩等。定向越野比赛是国际定向运动联合会（IOF，以下简称国际定联）正式承认的比赛项目之一。

（二）接力定向（Relay Orienteering）

接力定向是团体之间的定向越野比赛项目之一，其成绩好坏有赖于每个队员个人能力的发挥。在接力比赛中，比赛的路线分成若干段（国际比赛通常为 4 段），每名选手完成其中的一段，各段参赛选手的成绩相加为该队团体总成绩。为便于观众欣赏各选手之间的激烈竞争，接力定向的场地必须设置一个"中心站"，各段选手的交接（即"换段"）均在这里以触手方式进行（不使用接力棒），因此，接力定向的观赏性较好，被国际定联纳入了正式比赛项目。

（三）百米定向（100 Metres of Orienteering）

百米定向是定向运动的一个新兴项目。经全国定向冠军赛的检验证明，百米定向具有观赏性强、技术性高、易参与、易组织等特点，能够锻炼运动员的反应敏捷能力和奔跑速度。健身的同时充满了乐趣，还能够学会识图用图，因此百米定向受到定向界的广泛推崇。

（四）滑雪定向（Ski Orienteering）

滑雪定向也可以按个人、团体或接力比赛等形式进行。它与个人徒步定向越野赛的区别是选手需要使用滑雪装具（非机动的）。供比赛用的滑道，则需要使用摩托雪橇来开辟。同一比赛路线上的滑道通常不止一条，以便于选手自行选择。

滑雪定向也是国际定联的正式比赛项目之一。滑雪定向在东欧国家十分流行，许多世界高山、越野和速度滑雪选手同时又是滑雪定向的高手。

（五）夜间定向（Night Orienteering）

这是定向运动的一种高难度的比赛形式，由于是在视度不良的夜间进行的，不仅增加了比赛的难度，同时对观众和选手自己增加了吸引力和刺激性。夜间定向已被列入国际定联的正式比赛项目之中。第一届世界夜间定向锦标赛于 1986 年 10 月 27～28 日在匈牙利举行。

（六）积分定向（Score Orienteering）

积分定向通常以个人方式进行。它是在比赛区域内预先设置好许多检查点，并根据地形的难易程度、距离远近、点的位置的相互关系而赋予每个检查点以不同分值。选手必须在规定时间内自行寻找若干或全部检查点，以积分最高且用时最少者为优胜。

（七）专线定向（Line Orienteering）

这种比赛与其他比赛的最大区别是在地图上明确地标出了比赛的路线，运动员必须按这些规定的路线行进，并将途中遇到的检查点位置标绘到图上去。成绩以检查点位置标绘的准确程度和所用时间的长短确定。

（八）五日定向（O-Ringen 5-Days）

这是瑞典独有的一项特别吸引人的比赛项目。比赛共进行 5 日，比赛路线由若干段组成，每次都单独记录下个人的成绩，最后再算出总成绩。在几十公里或者一百余公里的多条比赛路线中，除设置了许多检查点之外，还设有若干营地，供运动员与观众休息或参加丰富多彩的文化娱乐活动。近年来，瑞典的"五日定向比赛"组织得十分频繁，每次参加比赛的来自世界各地的选手都超过 15000 人。

四、定向运动简规

必须按顺序到访指定路线上的所有点标；在起点处领取任务，在所到点标处记录，在终点处将任务地图交回，并记录下时间，领取成绩单。指北针的红色指针应永远与地图上指明北方的红色箭头及红色竖线保持平行。这样就不会迷失方向，永远知道自己身在何处。

五、如何上好定向课

（一）服装

根据运动所选场地不同，选取不同的服装，能便于运动和起到保护作用的就可以。鞋子也需要根据场地适时做调整，不过通常鞋子选取厚底或轻便两类，厚底鞋适合越野场地，轻便鞋适合比较干净平整的场地。

（二）课外资料（见表9-3）

表9-3　定向运动课外资料

书名	作者	索书号	馆藏地
定向运动与野外生存	汪聚伟，覃兴耀	G826/3112	金湖校区—流通库420
定向运动	缪华，汪洁	G826/2724	金湖校区—流通库420
定向运动与野外生存实用手册	李海燕，李海珍	G826-62/4034	金湖校区—流通库420

（三）课程目标

通过本课程的学习，使学生达到以下目标：

（1）通过定向运动的教学，全面提高学生的身体素质，特别是心血管系统的能力，增进学生健康。

（2）通过定向运动的教学，使学生尝试从未尝试过的东西，经历人生的刺激，培养学生独立思考、独立解决所遇困难的能力及在体力和智力受到压力下做出迅速反应、果断决定的能力。

（3）通过定向运动的教学，不仅可以教会学生如何在大自然中挑战自我，提高生存能力，而且可以教会如何在大自然中把握自己的行为，爱护自然。

（四）教学内容及过程

（1）教学内容：定向运动的基础知识、3S 技术、交通灯定向技术、偏向瞄准技术、扩大视野技术、简化读图技术、粗略定向技术、精确定向技术、数步法技术。

（2）教学过程：第一阶段，利用演示法、讲解法、示范法来学习定向运动的基本技术知识和理论知识；第二阶段，利用讲解法、小组练习法来学习定向运动的各项基本技术动作；第三阶段，利用所学基本技术动作，完成越野定向任务，最后拥有能独立参与定向运动的能力。

（五）成绩评定

成绩评定标准为：

标准	项目	分值占比/%
1	课堂考勤	30
2	晨练考勤	20
3	公园定向考核赛	30
4	学生体质健康测试	20

（1）考勤：

俱乐部考勤（10分/次）	>13 次	13 次	12 次	11 次	10 次	<10 次
晨练考勤（2分/次）	>45 次	40 次	35 次	30 次	25 次	<25 次
分值	100	90	80	70	60	无成绩

（2）公园定向考核赛：设计一条直线距离约 2.5～3.5 公里的定向路线，设置 8～10 个点标，学生完成全条定向路线跑并按顺序找到全部点标。

考核标准：

（1）全班比赛第一名成绩为 T，考试得分为 P：100 分，其余学生比赛成绩为 T_n，考试得分为 P_n，按下列公式计算：

$$P_n = \left(1 - \frac{T_n - T}{T} \times 60\%\right) \times 100$$

（2）学生体质健康测试成绩参照《国家学生体质健康测试标准》。

过程性考核零分者，本学期体育成绩不得及格或补考，需重修。

（六）注意事项

（1）注意完全，有疑虑的点标或感觉完成稍有困难的，都可以跳过。

（2）出发前必须明白本次任务要求，不可模棱两可。

（3）定向运动是很考验能力的一项运动，所以理论知识一定要认真学习。

（4）着装应根据季节的变化和练习环境的温度适当变化，应穿宜于运动的服装、运动鞋和运动袜子。

（5）课前忌空腹，及时补充水分。

小贴士　　　　　　　标定地图

1. 概略标定

越野图上的方位是：上北、下南、左西、右东。当我们在现地正确地辨别了方向之后，只要将越野图的上方对向现地的北方，地图即已标定。这种方法简便迅速，是定向越野比赛中最常用的方法。

2. 利用明显地形点标定地图

当你位于明显地形点上，并已从图上找到该地形点的位置（即自己所在的站立点）时，可以利用明显地形点标定地图。方法是：先选择一个图上与现地都有的远方明显地形点（目标），然后转动地图，使图上的站立点至目标的连线与现地的站立点至目标的连线相重合，此时地图即已标定。

3. 利用直长地物标定

利用直长地物（如道路、土垣、沟渠、高压线等）标定地图，首先应在图上找到这段直长地物，对照两侧地形，使图与现地各地形点的关系位置概略相符，然后转动地图，使图上的直长地物与现地的直长地物方向一致，地图即已标定。

（二）地图上的颜色

1. 蓝色

湖泊/开阔水域；沼泽地；浅沼泽地；井；喷泉；水坑；河流；小溪；小河。

2. 黄色

开阔地；庄稼地；草地；林间空地。

3. 黑色

任何人造物（建筑物、篱笆、塔顶、道路、小路、小径等），石头，石块，石堆，悬崖；高压线。

4. 绿色

绿色越深，越难穿行。

5. 棕色

等高线；山和高地；峡谷和洼地；山脊和凹地；小丘和坑；等级公路；沥青路面。

6. 黄/绿色

私家花园或绿地（禁入）。

（三）常用定向技术

（1）地图正置及拇指辅行法。先将地图正置，把拇指放在地图上自己的位置。这样你要前进的方向便在地图前面，使你清楚观察四周的环境及地理特征。当前进时，拇指随着移动，当改变前进方向时，地图也要随着转移，即保持地图北向朝向正北方。那样你可以在任何时候都能立即指出自己在图中的位置，省却不少时间和精神。

（2）搜集途中所遇特征。辨别前往控制点途中所遇到的地理特征，确保前进方向及路线正确。切勿将相似的特征误认。

（3）扶手法。利用明显的地理或人做特征作引导，使前进时更具信心。如小径、围栅、小溪涧、山咀等，皆是有用的扶手。

参考文献

[1] 梁源. 大学体育与健康[M]. 北京：清华大学出版社，2014.

[2] 殷和江，朱玉群，孙长明. 大学体育与健康[M]. 成都：西南交通大学出版社，2013.

[3] 吴景全. 大学体育与健康[M]. 北京：中国农业大学出版社，2013.

[4] 景建中. 大学体育与健康[M]. 南京：南京大学出版社，2015.

[5] 代永胜，王湛卿. 大学生体育与健康[M]. 北京：机械工业出版社，2014.

[6] 姚鑫. 大学体育与健康教程[M]. 北京：北京师范大学出版社，2009.

[7] 项建民，吴亦丰，戴德翔. 大学生体育与健康教育[M]. 北京：北京师范大学出版社，2010.